ARD-Ratgeber Geld

Herausgeber
Dr. Wolfgang Friedrich

Bayerischer Rundfunk

Eine Produktion des Bayerischen Rundfunks
in Zusammenarbeit mit den Verbraucherzentralen

verbraucherzentrale

Auf dem Weg zum Wohneigentum lauern viele Fallen. Wenn Sie sich nicht vorher schlau machen, riskieren Sie Fehlentscheidungen, finanzielle Verluste und im schlimmsten Fall sogar das Scheitern Ihres Vorhabens. Dieser Ratgeber gibt Ihnen Orientierungs- und Entscheidungshilfe: Sie erfahren, was Sie sich leisten können, welche Vor- und Nachteile verschiedene Eigenheimformen mit sich bringen und wie Sie beim Bauen und Kaufen finanzielle und rechtliche Fallen vermeiden können.

Thomas Hammer ist freier Wirtschaftsjournalist und hat bereits mehr als ein Dutzend Ratgeber zu Finanz- und Immobilienthemen veröffentlicht.

Thomas Hammer

Wege zum Wohneigentum

vgs EGMONT

Bibliografische Information Der Deutschen Bibliothek
Die Deutsche Bibliothek verzeichnet diese Publikation in der Deutschen Nationalbibliografie;
detaillierte bibliografische Daten sind im Internet über http://dnb.ddb.de abrufbar.

Coverbild:	PhotoDisc, gettyimages®
Herausgeber:	Dr. Wolfgang Friedrich
Fachliche Mitwirkung:	Thomas Hentschel, Claus Mundorf, Beate Uhr, Elke Weidenbach
Koordination:	Frank Wolsiffer
Lektorat:	Brigitte Bürger, Köln
Druck/Bindung:	Koelblin-Fortuna-Druck GmbH & Co. KG, Baden-Baden

Internet: www.vgs.de
www.verbraucherzentrale-nrw.de

ISBN 3-8025-1638-9

Liebe Leserin, lieber Leser,

vieles – manch einer wird sagen: viel zu vieles – in unserem Leben dreht sich ums liebe Geld. Nicht nur der Staat, auch immer mehr Privathaushalte sind hoch verschuldet. Dabei wird es uns einerseits so einfach gemacht wie nie zuvor, an Geld heranzukommen, etwa in Form von Krediten. Andererseits aber wird fast überall der – nur scheinbar scherzhaft gemeinte – Stoßseufzer immer lauter: „Wie kann es sein, dass am Ende des Geldes noch so viel Monat übrig bleibt?"

Wie wahr: Die Steuer- und Abgabenlasten, die jeden Einzelnen von uns drücken, sind kaum noch zu bewältigen, ganz abgesehen von den vielen größeren oder kleineren Raten für Kredite, Hypotheken und Ähnliches, die fast jeden Bundesbürger mehr oder weniger belasten.

Durch meine langjährige verantwortliche Tätigkeit in unterschiedlichen Geld- und Verbraucherredaktionen des deutschen Fernsehens weiß ich: Das Bedürfnis der Bevölkerung nach guter, verständlicher und aktueller Information rund um das Thema Geld ist so groß wie nie. Die Berge von Zuschauerpost, die etwa regelmäßig nach jeder Sendung von „ARD-Ratgeber Geld" beim Bayerischen Rundfunk eingehen, sprechen hierfür Bände.

Nicht zuletzt das Wissen um diesen enormen Informationsbedarf hat mich dazu veranlasst, in Zusammenarbeit mit den Verbraucherzentralen und der Egmont vgs verlagsgesellschaft die aktuelle Ratgeberreihe „Top-Tipps Geld" herauszugeben. Sie soll unsere Fernseharbeit für die Verbraucher vertiefen und umfassende Antworten auf viele Ihrer Fragen geben, die in der Kürze der Fernsehzeit notgedrungen oft ein wenig auf der Strecke bleiben. Deswegen hat ein kompetentes Team von erfahrenen Fachautoren – etwa Juristen, Finanzfachleuten oder qualifizierten Journalisten – zusammen mit Experten der Verbraucherzentralen diese Ratgeberreihe konzipiert. Jedes Buch dieser Reihe beschäftigt sich auf aktuelle, informative und kompetente Weise klar und übersichtlich mit Ihren speziellen Fragen rund um Ihre Finanzen.

Ich bedanke mich im Namen meines Teams für das Vertrauen, das Sie uns entgegenbringen, und hoffe, dass wir den Dschungel der komplexen Materie für Sie ein wenig lichten können. Ich würde mich freuen, wenn Sie mit unserer Hilfe die Informationen bekommen, die Sie brauchen.

Herzlichst,
Ihr

Dr. Wolfgang Friedrich

Leiter der Redaktionsgruppe Wirtschaft
beim Bayerischen Fernsehen

1 Einführung 11

2 Miete oder eigene vier Wände? 13

3 Ansparwege zum Eigenkapital

Früh begonnen, viel gespart 20
Banksparen 22
Investmentsparen 25
Bausparen 31
Versicherungssparen 36
Erbschaften und Schenkungen 37
Die richtige Fälligkeitsplanung 38

4 Die richtige Finanzierungsstrategie

Der Kaufpreis ist nicht alles 41
Wie viel Schulden kann ich mir leisten? 43
Der wichtigste Baustein: das Eigenkapital 49
Eigenleistungen sollten Sie vorsichtig kalkulieren 51
Das Bankdarlehen 52
Das Bauspardarlehen 54
Das Versicherungsdarlehen 56
Welche Kreditsicherheiten Sie stellen müssen 57
Vergleichen, verhandeln, strategisch planen 61

5 Was Sie vom Staat erwarten können

Die Eigenheimzulage 66
Zinsgünstige KfW-Kredite 69
Weitere Fördermöglichkeiten 73

6 Bauen oder kaufen, Wohnung oder Haus?

Zehn Fragen zur Entscheidungshilfe: Welcher Eigenheimtyp sind Sie? . . . 83

7 Bauen ohne Grauen – der Neubau

Die Wahl des richtigen Grundstücks . . . 85
Was Sie über die öffentliche Erschließung wissen sollten . . . 94
Das Erbbaurecht als Alternative zum Grundstückskauf . . . 95
Der Hausbau – Sie können zwischen unterschiedlichen „Fertigungstiefen" wählen . . . 97
Das Architektenhaus – die Herausforderung für Individualisten . . . 99
Schlüsselfertig Bauen . . . 111
Der Kauf eines Fertighauses . . . 116
Wie Sie bei Terminverzögerungen und Mängeln reagieren sollten . . . 125

8 Damit Sie beim Kauf eines Altbaus nicht alt aussehen

Die Besichtigung . . . 133
Was bei der Renovierung auf Sie zukommt . . . 138
Vorsicht Denkmalschutz! . . . 141
Wer bei versteckten Mängeln haftet . . . 142

9 Worauf es beim Wohnungskauf ankommt

Gemeinschafts- und Sondereigentum 147
Die Eigentümergemeinschaft 151
Rechte und Pflichten des Hausverwalters 154
Wie die laufenden Kosten aufgeteilt werden 158
Welche Dokumente Sie vor der Kaufentscheidung unbedingt prüfen sollten 160

10 Finden, vergleichen, verhandeln

Wo Sie Immobilienangebote finden 165
Wie Sie das Gespür für realistische Marktpreise bekommen 172
Die richtige Verhandlungstaktik 176

11 Vom Grundbuch-Check bis zum Notarvertrag

Das Grundbuch 182
So bereiten Sie den Notarvertrag vor 185

12 Der Umgang mit Immobilienmaklern

Der Maklervertrag 189
Wann der Makler Anspruch auf Provision hat 192
Wofür ein Makler haftet. 193

13 Ein Eigenheim ersteigern

Wie die Zwangsversteigerung abläuft 196
Wie Sie sich richtig vorbereiten 198
Was Sie über die Immobilie wissen müssen 200
So verhindern Sie, dass Sie beim Bieten aufs Glatteis geführt werden 202
Ihre Risiken beim Ersteigern 203
Nicht verwechseln: Private Auktionen und Zwangsversteigerungen! 205

14 Menschen und Gebäude richtig versichern

Die Wohngebäudeversicherung 207
Bauherrenhaftpflicht- und Rohbauversicherung 211
Die Gewässerschaden-Haftpflichtversicherung 212
Personenversicherungen 214
Die Hausratversicherung 216

Anhang

Wichtige Adressen 219

1 Einführung

Der Traum von den eigenen vier Wänden gehört für viele Menschen zu den wichtigen Lebenszielen. Um auf dem Weg vom Mieter zum Wohneigentümer voranzukommen, wird fleißig gespart, und von den Eltern oder Großeltern kommt so manche finanzielle Unterstützung noch hinzu.

Doch der Entschluss, Wohneigentum zu erwerben, ist von großer Tragweite: Es gilt, Verantwortung für das eigene Immobilieneigentum zu übernehmen, Energie und Arbeit hineinzustecken – und nicht zuletzt steht am Anfang des Immobilienbesitzes zumeist ein großer Schuldenberg. Wer sich verkalkuliert und allzu blauäugig an diese anspruchsvolle Aufgabe herangeht, risikiert im schlimmsten Fall das Scheitern seiner Finanzierung und damit letztendlich sogar die Zwangsversteigerung.

Dieses Buch soll Ihnen helfen, Ihre Entscheidung für oder auch gegen die eigenen vier Wände nicht aus dem Bauch heraus, sondern auf der Basis fundierter Fakten zu treffen. Es zeigt Ihnen sowohl die Chancen und Möglichkeiten, aber auch Warnungen vor Risiken kommen nicht zu kurz. Damit können Sie sich nach gründlicher Lektüre ein objektives Bild von dem für Sie persönlich gangbaren Weg zum Wohneigentum machen.

Der Aufbau des Buches orientiert sich dabei am chronologischen Fortschritt Ihrer Entscheidungen: Am Beginn stehen die Alternativen des Ansparens auf den zukünftigen Immobilienerwerb, dann folgen die Strategien für ein sicheres Finanzierungskonzept. Anhand Ihrer finanziellen Möglichkeiten stehen Sie dann vor der Entscheidung, ob Sie selbst bauen oder schlüsselfertig kaufen, eine neue oder eine gebrauchte Immobilie erwerben, sich eine Wohnung oder ein Haus leisten können. Nachdem Sie diese Entscheidungen getroffen haben, führt Sie dieses Buch weiter durch die wichtigsten Kriterien bei der Auswahl der Immobilie und zur richtigen Vorbereitung des Notarvertrags. Spezielle Kapitel zu Zwangsversteigerung, Umgang mit Maklern und Versicherungen runden den Ratgeber ab.

Ein wichtiger Rat jedoch vorab: Wenn Sie Zweifel daran haben, ob Sie Ihr Vorhaben finanziell oder organisatorisch bewältigen können, setzen Sie lieber auf Sicherheit und wählen Sie eine Lösung, die einfacher zu realisieren ist. Es macht keinen Sinn, vielleicht aus Prestigegründen ein hohes finanzielles und persönliches Risiko einzugehen und damit die eigene finanzielle Zukunft aufs Spiel zu setzen – schließlich soll Ihnen Ihr Eigenheim keine schlaflosen Nächte, sondern Sicherheit und Geborgenheit bringen.

2 Miete oder eigene vier Wände?

Sie fragen sich vielleicht, was dieses Kapitel in einem Ratgeber mit dem Titel „Wege zum Wohneigentum" zu suchen hat. Aber ein seriöser Ratgeber muss auch von einem Vorhaben abraten, wenn dieses keinen Sinn ergibt. In bestimmten Lebenssituationen kann der Weg in die eigenen vier Wände eine Sackgasse sein. Daher sollten Sie sich im allerersten Schritt Klarheit über Ihre derzeitige Situation und Ihre Lebensplanung verschaffen. Sinnvoll ist es dabei, wenn Sie Schritt für Schritt alle wichtigen Faktoren durchgehen, die Ihre Entscheidung über den Immobilienerwerb beeinflussen.

Einkommen

Auf den ersten Blick sieht die Rechnung einfach aus: Je höher Ihr Einkommen, umso größer und schöner das Eigenheim, das Sie sich leisten können. Doch dieser Faktor ist zwar ein wichtiger, aber nicht der einzige Bestandteil einer fundierten Entscheidung. Klar ist, dass die Höhe des Einkommens mit darüber entscheidet, wie viel Schulden Sie sich leisten können.

Vermeiden Sie finanzielle Überforderung!

Wenn Ihr Einkommen so niedrig ist, dass Sie auf absehbare Zeit mit der Finanzierung einer eigenen Immobilie überfordert wären, sollten Sie diese Tatsache unbedingt ernst nehmen und Ihr Mieterdasein weiterführen. Zu viele Menschen haben schon ihre finanziellen Möglichkeiten und ihre Einkommensreserven überschätzt und mussten wenige Jahre nach dem Einzug in die eigenen vier Wände miterleben, wie ihr Eigentum in der Zwangsversteigerung unter den Hammer kam.

Lebenshaltungskosten

Wichtig für Ihre Entscheidung, ob Miete oder eigene vier Wände, ist nicht nur, wie viel Sie einnehmen, sondern auch wie viel Sie ausgeben. Je höher Ihre Lebenshaltungskosten sind, desto weniger Spielraum bleibt fürs Sparen und Finanzieren. Je nach persönlichem Anspruch kann es hier sehr große Unterschiede geben. Die einen gehen gerne aus, legen Wert auf schicke Kleidung, fahren ein hochpreisiges Auto oder wollen auf keinen Fall auf zwei Fernreisen pro Jahr verzichten. Die anderen bleiben lieber zu Hause, achten auf möglichst günstige Anschaffungen und haben kein Problem damit, in finanziellen Engpässen den Gürtel enger zu schnallen.

Wie ist Ihr Konsumverhalten?

Nun wäre es einfach zu empfehlen, Sie sollten im Zuge Ihrer Baufinanzierung alle anderen Ansprüche zurückstellen und sich nur mit dem Notwendigsten begnügen. Die Realität hat immer wieder gezeigt, dass so mancher zu Beginn zwar entgegen seinen Neigungen diesen Rat beherzigt hat, aber nach ein paar Jahren schlichtweg keine Lust mehr auf Verzicht hatte.

Sie kommen in dieser wichtigen Frage nicht umhin, ganz ehrlich zu sich selbst zu sein. Werden Sie sich darüber klar, in welchem Maß Sie auf Sicht der nächsten zehn Jahre Ihren Lebensstandard einschränken können und wollen. Nur wenn Sie ganz sicher sind, dass Sie auf bestimmte Konsumausgaben dauerhaft verzichten können, sollten Sie Ihren Finanzierungsrahmen entsprechend erweitern.

Berufliche Mobilität

In den letzten zehn bis fünfzehn Jahren hat sich die Arbeitswelt grundlegend gewandelt. Galt eine Anstellung bei einem Großkonzern früher noch als Arbeitsplatz mit fast beamtenähnlicher Sicherheit, wird

Arbeitnehmer müssen oft flexibel sein

heute von den Arbeitnehmern ein hohes Maß an Flexibilität verlangt.

In vielen Jobs müssen die Angestellten bereit sein, bei Bedarf innerhalb des Konzerns die Stelle zu wechseln und in eine andere Region, ja vielleicht sogar ins Ausland zu ziehen. Vor allem junge Angestellte mit hoher Qualifikation werden im Interesse ihrer Karriere oft über Jahre hinweg zu regelrechten „Nomaden".

Wer heute nicht weiß, wo er im nächsten Jahr hinversetzt wird, ist verständlicherweise nicht unbedingt für das selbst genutzte Wohneigentum prädestiniert – denn es macht wenig Sinn, alle zwei oder drei Jahre die alte Wohnung zu verkaufen und eine neue zu erwerben.

TIPP

Wann wollen Sie sesshaft werden?

Dennoch lohnt es sich auch in einer solchen Situation, sich grundsätzlich über dieses Thema Gedanken zu machen. Meist wächst nach einiger Zeit des Umherziehens der Wunsch, auch in Bezug auf das Arbeitsverhältnis sesshaft zu werden. Dann sollte jedoch auch genügend Eigenkapital vorhanden sein, um Wohneigentum erwerben zu können.

Das bedeutet für Sie: Nutzen Sie eine solche – meist auch überdurchschnittlich gut bezahlte – Phase der extremen beruflichen Mobilität, um den Vermögensaufbau gezielt voranzutreiben. Welche Strategien dabei sinnvoll sind, erfahren Sie im Kapitel „Ansparwege zum Eigenkapital" (siehe Seite 20 ff.).

Auch wenn Sie längerfristig mobil bleiben wollen und die eigenen vier Wände eher als Fessel betrachten, sollten Sie das Immobilienthema nicht ganz aus den Augen verlieren. Je nach steuerlicher und finanzieller Situation kann der Erwerb einer vermieteten Wohnung als Kapitalanlage und Baustein für die Altersvorsorge interessant sein. Hier haben Sie dann die Option, sich beim Auszug eines Mieters für die Neuvermietung oder Eigennutzung zu entscheiden.

Altersvorsorge

Auch die Planung der persönlichen Altersvorsorge ist eng mit der Frage verknüpft, ob Sie langfristig eher ein Dasein als Mieter planen oder die eigenen vier Wände bevorzugen.

Private Vorsorge ist ein Muss

Die Leistungen der gesetzlichen Rentenversicherung werden schon allein deshalb immer weiter reduziert werden, weil die Lebenserwartung langfristig steigt. Mehr private Vorsorge ist daher unabdingbar – doch dieser Anforderung können Sie gelassen gegenübertreten, wenn Sie Wohneigentum besitzen.

Zwar sind vor allem die ersten Jahre mit hohen finanziellen Belastungen und Einschränkungen verbunden, doch wenn die Immobilie schuldenfrei ist, können Sie als Eigentümer Ihre Unabhängigkeit genießen und Mietpreissteigerungen haben auf Ihre Kosten keinen Einfluss mehr. Denken Sie jedoch daran, dass Sie finanzielle Rücklagen für Renovierungen u.Ä. bilden müssen.

Schutz vor Inflation

Vor allem in Zeiten der Inflation macht sich dieser Pluspunkt in barer Münze bemerkbar. Ein Beispiel: Bei einer Inflationsrate von zwei Prozent steigt eine Monatsmiete von 600 Euro im Lauf von 15 Jahren auf 807 Euro. Beträgt die Inflationsrate jedoch drei Prozent, müssen Sie als Mieter nach 15 Jahren bereits 936 Euro bezahlen! Wenn Sie Wohneigentümer sind, wirkt sich die Inflation lediglich auf die Lebenshaltungskosten sowie die im Vergleich zur Miete weitaus niedrigeren Wohnnebenkosten wie Instandhaltungsrücklagen, Heizungs-, Wasser- und Stromkosten aus.

Daher sollten Sie je nachdem, ob Sie Mieter oder Wohneigentümer sind, Ihre private Altersvorsorge unterschiedlich aufbauen:

- Als Mieter sollten Sie entweder in jährlich ansteigenden Beträgen sparen oder Ihre Zusatzvorsorge von vornherein so ausrichten, dass im Rentenalter der bis dahin erfolgte Anstieg bei Mieten und Lebenshaltungskosten ausgeglichen werden kann.
- Als Eigentümer achten Sie in erster Linie darauf, so schnell wie möglich schuldenfrei zu werden. Die Inflation hat nicht nur aufgrund der wegfallenden Miete geringere Auswirkungen, sondern spielt Ihnen beim Schuldenabbau sogar in die Hände: Je höher die Inflationsrate, umso weniger sind Ihre Restschulden im Vergleich zur allgemeinen Kaufkraft wert.

Die richtige Entscheidung treffen

Nicht nur in finanzieller Hinsicht ist der Entschluss für eine eigene Immobilie von großer Bedeutung. Außer Ihrer finanziellen Situation wird sich auch der Umfang Ihres persönlichen Einsatzes fürs eigene Heim ändern – vor allem im Bereich der Renovierung und Instandhaltung gibt es dann schließlich keinen Vermieter mehr, der für alles zuständig ist. Auf der anderen Seite eröffnet sich Ihnen ein deutlich erweiterter Gestaltungsspielraum, und Sie brauchen nicht mehr wegen jeder Veränderung die Erlaubnis eines mehr oder weniger großzügigen Vermieters einholen.

Eigentum erfordert Einsatzbereitschaft

Die Kernfrage ist: Welche Freiheiten sind Ihnen mehr wert und welche Bedürfnisse hat Ihre Familie jetzt? Die nachfolgende Checkliste soll Ihnen dabei helfen, die richtige Antwort zu finden.

Checkliste: Sind Sie eher ein Mieter oder ein Eigentümer?

- Sind Sie bereit, für die Finanzierung der eigenen Immobilie Abstriche bei Konsum und Anschaffungen zu machen?
- Planen Sie, mindestens die nächsten zehn Jahre im gleichen Haus oder in der gleichen Wohnung zu leben?
- Legen Sie Wert darauf, auch in baulicher Hinsicht die eigenen vier Wände nach Ihrem Geschmack gestalten zu können?
- Können Sie problemlos die volle Verantwortung und Zuständigkeit für Ihre Wohnung – beispielsweise bei Reparaturen oder Renovierungen – übernehmen?
- Können Sie einen Zuwachs an Papierkrieg – etwa für die Beantragung der Eigenheimzulage, die Finanzierung oder jährliche Eigentümerversammlungen – gut verkraften?
- Fühlen Sie sich der Anforderung gewachsen, als Immobilieneigentümer in finanzieller Hinsicht mit viel Umsicht und Sorgfalt planen zu müssen, anstatt „von der Hand in den Mund" zu leben?

Wenn Sie diese Fragen mit „Ja" beantworten können, haben Sie das Zeug zum Wohnungs- oder Hauseigentümer. Ganz bewusst wurden hier zunächst die Fragen nach Eigenkapital und Liquidität ausgelassen – denn diese Themen werden im weiteren Verlauf des Buches ausführlich erläutert.

Top-Tipps Miete oder eigene vier Wände

- Verschaffen Sie sich im ersten Schritt Klarheit über die Frage, ob der Weg zum Wohneigentum für Sie und Ihre Familie der richtige ist.
- Einkommen und Lebenshaltungskosten sind wichtige Faktoren für Ihre Entscheidungen. Hier müssen von vornherein Reserven vorhanden sein, um den Wechsel in die eigenen vier Wände zu ermöglichen.
- Das Eigenheim lohnt sich wirtschaftlich nur dann, wenn Sie auf lange Sicht keinen Wegzug planen – diese Frage sollen Sie so früh wie möglich klären.
- Vergessen Sie nicht, von vornherein Ihre Strategie bei der Altersvorsorge mit zu berücksichtigen.

3 Ansparwege zum Eigenkapital

Beim Bauen brauchen Sie viel Geld. Klar: Den Löwenanteil des notwendigen Kapitals finanziert die Bank über ein Darlehen – aber wenigstens ein Minimum an Eigenkapital darf nicht fehlen. Wenn Sie noch nicht unmittelbar vor dem Immobilienerwerb stehen, sollten Sie daher gezielt daran arbeiten, Ihr Vermögen so weit wachsen zu lassen, dass Sie in möglichst großem Maß von den Banken unabhängig werden.

Je größer der Anteil an Eigenmitteln, umso niedriger wird logischerweise die Kreditsumme – und umso tragbarer ist für Sie die finanzielle Belastung an Zinsen und Tilgung. Mehr noch: Weil für die Bank eine Baufinanzierung mit hohem Eigenkapitalanteil mehr Sicherheit bedeutet, haben Sie in diesem Fall in der Konditionenverhandlung bessere Karten und können nicht selten Zinsnachlass heraushandeln.

Früh begonnen, viel gespart

Viele Sparer machen sich bei ihren strategischen Überlegungen vor allem Gedanken über die Suche nach möglichst renditestarken Anlageformen. Das ist zwar richtig – aber noch wichtiger als der Faktor „Rendite" ist der Faktor „Zeit".

TIPP

Die Zeit spart mit

Vor allem bei Sparplänen mit regelmäßigen monatlichen Sparraten ist die Dauer des Sparens für die Höhe des Endguthabens von entscheidender Bedeutung. Je länger der Sparplan läuft und je höher die regelmäßigen Einzahlungen sind, umso rasanter wächst Ihr Guthabensaldo. Schon bei wenigen Jahren zusätzlicher Laufzeit können dabei stattliche Summen zusammenkommen.

Dazu ein Beispiel: Angenommen, Sie legen bei einem Zinssatz von vier Prozent pro Jahr monatlich 250 Euro auf die Seite. Wenn

Sie das fünf Jahre lang tun, kommen Sie auf ein Endguthaben von 16.624 Euro. Entschließen Sie sich jedoch dazu bereits zwei Jahre früher und sparen sieben Jahre lang, kommen am Ende bereits 24.257 Euro heraus. Zum Vergleich: Um bei gleicher monatlicher Sparrate denselben Betrag in fünf Jahren zu erwirtschaften, müsste Ihre Anlage pro Jahr 18 Prozent Rendite bringen – das wäre nur in allergünstigsten Fällen mit hochriskanten Anlageformen und viel Spekulationsglück zu erreichen!

Was der Zinseszins bringt

Dank des Zinseszinseffektes wachsen auch kleine Zinserträge im Lauf der Jahre zu ordentlichen Summen heran. So bringen beispielsweise bei einem Zins von vier Prozent bereits angesparte 2.000 Euro einen jährlichen Zinsertrag von 80 Euro. Doch wenn dieser vordergründig geringe Zinsertrag für die folgenden zehn Jahre zum gleichen Durchschnittszins mit angelegt werden kann, wächst am Ende der zusätzliche Gewinn auf 118 Euro. Damit wirkt beim regelmäßigen Sparen der Zinseszins Jahr für Jahr praktisch wie eine zusätzliche Einzahlung.

Dass sich die Spardisziplin am Ende in hohen Erträgen auszahlt, ist nicht der einzige Vorteil, wenn Sie frühzeitig mit dem Ansparen auf die eigenen vier Wände beginnen. Weil bei einer Baufinanzierung die monatliche Belastung in aller Regel deutlich höher ist als Ihre bisherige Miete, können Sie sich auf diesem Weg auch gleich daran gewöhnen, dass nicht mehr so viel Geld wie bisher frei verfügbar ist. Der Übergang in der Finanzplanung zu Beginn der Finanzierungsphase wird dadurch wesentlich vereinfacht.

Nun sollten Sie sich darüber informieren, welche Anlageformen als Ansparweg zur Verfügung stehen. Beachten Sie dabei: Nicht jedes Finanzprodukt, das für andere Anlagezwecke wie die frei verfügbare Rücklage oder den langfristigen Vermögensaufbau sinnvoll ist, kann auch die Eignung für das Ansparen auf den Immobilienkauf vorweisen!

Klar ist: Es gibt keine Anlageform, die bei überragender Rendite risikolos und gleichzeitig frei verfügbar ist. Jede Entscheidung, die Sie bei der Geldanlage treffen, ist ein Kompromiss zwischen den drei Kriterien Rendite, Risiko und Verfügbarkeit. Damit Sie Ihren Schwerpunkt richtig setzen, sollten Sie sich zunächst darüber im Klaren sein, welche Anforderungen ein Anlageprodukt beim Ansparen auf das Wohneigentum erfüllen muss:

Ohne Kompromisse geht es nicht

- Die Anlageform sollte zu einem planbaren Zeitpunkt in voller Höhe verfügbar sein.
- Das Verlust- oder Wertschwankungsrisiko sollte möglichst gering sein, da Sie eine Auszahlung in verlässlicher Höhe anstreben.
- Ein Sparplan mit festen monatlichen Raten muss möglich sein, wünschenswert ist die flexible Möglichkeit zusätzlicher Einzahlungen.
- Nicht zuletzt sollte natürlich nach Abzug aller Nebenkosten die bestmögliche Rendite erzielt werden, die unter diesen Voraussetzungen realistisch ist.

Banksparen

Wenn es ums Sparen geht, ist in aller Regel die Bank die erste Anlaufstelle. Dort wird dem Kunden eine breite Palette an Sparprodukten angeboten, die jedoch nur zum Teil sinnvoll und rentabel sind.

Beginnen wir mit den ungeeigneten Produkten:

- Das **Sparbuch** ist zwar flexibel, aber die Verzinsung treibt selbst genügsamen Sparern meist Tränen in die Augen. Bei den meisten Banken sind die Sparzinsen so gering, dass nicht einmal die Inflation damit abgedeckt wird. Wenn Sie Ihrer

Hausbank kein Geld schenken wollen, sollten Sie auf diese Anlageform verzichten.

- **Tagesgelder** bieten hohe Flexibilität und meist deutlich bessere Zinsen als Sparbücher. Daher sind sie für die Rücklage oder „eiserne Reserve" gut geeignet, aber für das mittel- bis längerfristig orientierte Sparen mit festem Ziel gibt es höher verzinste Alternativen.
- **Sparbriefe** haben eine feste Laufzeit und im Vergleich zum Tagesgeld einen höheren Zins – aber sie eignen sich nur für die Einmalanlage fester Beträge und nicht für das regelmäßige Sparen.

Das Produkt der Wahl beim Banksparen ist in aller Regel ein Ratensparvertrag. Die wohl bekannteste Art des Sparvertrags ist das Prämiensparen: Der Anleger und die Bank vereinbaren, dass für eine bestimmte Zeit jeden Monat der gleiche Betrag fest angelegt wird. Am Ende der Laufzeit gibt es zusätzlich zu den Zinsen eine Prämie, was die Rendite insgesamt erhöht.

Prämie als Steuerfalle

Genau hier lauert eine Steuerfalle: Wird die Prämie am Ende der Laufzeit ausgezahlt, gilt dies in steuerlicher Hinsicht als einmaliger Zinsertrag – und dann wird unter Umständen Ihr Sparerfreibetrag gesprengt. Lassen Sie sich deshalb schon vorher genau ausrechnen, wie hoch die Prämie ausfallen wird, und prüfen Sie Ihre Reserven beim Sparerfreibetrag. Die Alternative dazu sind Sparverträge mit höherer Grundverzinsung und niedrigerer Prämie, die vor allem beim längerfristigen Sparen steuerschonender sind.

Marktüblich sind Gesamtlaufzeiten von zwei bis zu über zwanzig Jahren. Aber es gibt nicht nur in der gesamten Anlagedauer, sondern auch in der Flexibilität beim Sparen erhebliche Unterschiede zwischen den einzelnen Anbietern. Während manche Banken ihren Kunden nur starre Sparpläne mit festen Monatsraten und

Laufzeiten verkaufen, verhalten sich andere Institute wesentlich kundenfreundlicher und zeigen sich in den folgenden Punkten variabel:

- Die Monatsrate kann während der Laufzeit erhöht, vermindert oder für einige Monate ausgesetzt werden.
- Über das Guthaben können Sie schon vor Ende der Laufzeit verfügen, allerdings gibt es dann niedrigere Zinsen.

Vergleichen ist schwierig

Bei unterschiedlichen Monatsraten, Laufzeiten, Grundverzinsungen und Prämien wird Ihnen der objektive Angebotsvergleich von den Banken nicht gerade erleichtert. Kein Wunder, denn kein Geldinstitut ist daran interessiert, dem Kunden klar und deutlich zu sagen, ob die Konkurrenz bessere Konditionen hat oder nicht. So müssen Sie eben selbst aktiv werden: Nennen Sie Ihrem Anlageberater die Monatsrate und die Laufzeit, und lassen Sie sich dann das Guthaben am Ende sowie den Effektivzins berechnen.

Prüfen Sie beim Vergleich, ob die angebotene Verzinsung fest oder variabel ist. In Zeiten niedriger Zinsen sollten Sie eine variable Verzinsung wählen, um bei steigendem Zinsniveau die Rendite verbessern zu können. Fällt der Zeitpunkt des Abschlusses hingegen in eine Hochzinsphase, sollten Sie sich die lukrativen Festzinsen möglichst für die Gesamtlaufzeit sichern.

Auf Einlagensicherung achten

Bei der Suche nach dem günstigsten Anbieter sind die Banken in Ihrer Nähe zwar eine gut erreichbare Anlaufstelle, aber nicht immer die beste Adresse. Vor allem im Kreis der Direktbanken gibt es oft Angebote mit deutlich besserer Rendite. Achten Sie jedoch stets darauf, dass die Bank – wenn es sich um keine Genossenschaftsbank oder Sparkasse handelt – dem Einlagensicherungssystem des Bundesverbands deutscher Banken (BdB) angehört, so dass Kundenguthaben bis zu mehreren Millionen Euro pro Kunde im Fall einer Bankenpleite vollständig abgesichert sind.

Anlegerzeitschriften wie beispielsweise das Magazin „Finanztest" von der Stiftung Warentest führen in regelmäßigen Abständen Anbietervergleiche durch. Im Internet können Sie unter www.finanztest.de gegen eine geringe Gebühr auf die Datenbank zugreifen und Vergleiche von Sparverträgen herunterladen. Dass sich der Aufwand lohnt, zeigt eine einfache Rechnung: Bei einer monatlichen Sparrate von 250 Euro und fünf Jahren Laufzeit bringt ein Anbieter mit 0,5 Prozentpunkten mehr Zins am Ende einen zusätzlichen Ertrag von rund 220 Euro!

Investmentsparen

Unterschiedliche Risiken

Investmentfonds bieten eine einfache und bequeme Möglichkeit, auch kleinere Beträge oder regelmäßige Sparraten an den nationalen oder internationalen Kapitalmärkten zu investieren. Beim Ansparen auf das Wohneigentum können Sie diese Finanzprodukte nutzen, um bei der Eigenkapitalbildung von den Chancen der Kapitalmärkte zu profitieren – wobei Sie aber auf jeden Fall auch die dazugehörigen Risiken nicht aus den Augen verlieren sollten. Je nach Fondsgattung fallen diese sehr unterschiedlich aus. Deshalb erfahren Sie hier im ersten Schritt, welche Inhalte ein Investmentfonds haben kann.

Geldmarktfonds

Diese Fonds investieren das Geld ihrer Anleger in Tages- und Festgelder sowie börsennotierte Anleihen mit kurzer Restlaufzeit. Sie gelten als sehr sicher und haben nur sehr begrenzte kurzfristige Wertschwankungen. Allerdings bringen sie oft weniger Rendite als ein gut verzinstes Tagesgeld bei einer Direktbank. Daher sind sie allenfalls zum kurzzeitigen Parken von festen Beträgen, nicht aber für den mittelfristigen Vermögensaufbau geeignet.

Aktienfonds

Vorsicht vor Exoten!

Mit diesen Fonds nehmen Sie am Auf und Ab der Aktienbörsen teil. Ihr wichtigster Vorteil gegenüber dem direkten Engagement in Einzelaktien liegt darin, dass Sie schon mit kleinen Beträgen Ihr Vermögen über eine Vielzahl unterschiedlicher Branchen und Regionen streuen und damit Ihr Schwankungsrisiko zumindest dämpfen können. In exotische Aktienfonds sollten Sie nicht investieren, setzen Sie lieber auf weltweite oder europäische Standardwerte. Eine Analyse einer Vielzahl von Investmentfonds finden Sie im Internet unter www.finanztest.de und dort unter „Geldanlage + Banken".

Allerdings sollten Sie sich darüber im Klaren sein, dass auch bei breiter Streuung die im Fonds enthaltenen Aktien in ihrem Kurs stark schwanken können. Daher macht die Anlage in Aktienfonds nur Sinn, wenn Sie Ihr Geld allermindestens fünf Jahre, besser jedoch zehn Jahre nicht anzutasten brauchen.

Wenn es um das Ansparen auf die eigene Immobilie geht, gibt es zwei sinnvolle Möglichkeiten für den Einbau von Aktienfonds:

- Wenn Sie die Investition in die eigenen vier Wände erst in fernerer Zukunft planen, können Sie in den Anfangsjahren Ihrer Ansparphase Aktienfonds mit integrieren.
- Während der Finanzierungsphase können Sie außerhalb Ihrer regulären Finanzierung einen Aktienfonds-Sparplan mit kleinen Raten weiterlaufen lassen, um in guten Börsenzeiten damit eine Sondertilgung zu leisten. Das sollten Sie jedoch nur tun, wenn auch ohne die Fondstilgung Ihre Finanzierung auf absolut sicherem Fundament steht und von Beginn an eine reguläre Schuldentilgung in ausreichender Höhe gewährleistet ist.

Rentenfonds

Weniger Schwankungen

Wesentlich moderater in ihrem Schwankungsverhalten sind Rentenfonds, bei denen das Fondsvermögen in börsennotierte Schuldverschreibungen fließt. Die Bandbreite reicht dabei von sicheren europäischen Staatsanleihen oder Pfandbriefen bis zu riskanteren Unternehmensanleihen oder Staatsanleihen von Schwellenländern. Welche Anlagestrategie ein Rentenfonds verfolgt, muss im Verkaufsprospekt offen gelegt werden.

Zwar bieten diese Fonds nicht die Renditechancen eines Aktienfonds, doch aufgrund der höheren Anlagesicherheit sind sie gut für den mittelfristigen Vermögensaufbau geeignet.

Mischfonds

Wie es der Name schon vermuten lässt, ist bei diesen Fonds das Vermögen sowohl auf Aktien wie auch auf festverzinsliche Wertpapiere aufgeteilt. Sowohl bei den Renditechancen wie auch beim Schwankungsrisiko ist diese Fondsgattung zwischen den Aktien- und Rentenfonds angesiedelt.

Wie risikoreich ist die Mischung?

Allerdings kann die Zusammensetzung einzelner Fonds sehr unterschiedlich ausfallen. Auf dem Markt tummeln sich sicherheitsorientierte Mischfonds mit kleinem Aktienanteil ebenso wie aggressiv investierende Fonds, deren Aktienanteil zeitweise bei 80 Prozent oder noch höher liegen kann. Auch hier ist der Fondsprospekt eine wichtige Informationsquelle, die Sie vor Ihrer Anlageentscheidung gründlich studieren sollten.

Zur Gattung der Mischfonds zählen auch die Altersvorsorge-Fonds (AS-Fonds), bei denen meist noch ein gewisser Anteil an Immobilienvermögen zu finden ist. Auch die so genannten Absolut-Return-Fonds, die eine möglichst konstante Rendite anstreben, sind als Mischfonds konzipiert, bei denen ein Teil des

Schwankungsrisikos noch über Derivategeschäfte abgesichert wird. Dachfonds wiederum sind streng genommen keine Mischfonds, da sie nicht direkt in Aktien oder Rentenpapiere, sondern in eine mehr oder weniger ausgewogene Mischung einzelner Fonds investieren. Ihre Chancen-Risiken-Struktur ist jedoch mit der eines Mischfonds vergleichbar.

Offene Immobilienfonds

Wachsender Auslandsanteil

Wie es der Name schon vermuten lässt, fließt bei diesen Fonds der Großteil der Kundengelder in Immobilien. Den Schwerpunkt bilden dabei Gewerbeimmobilien wie Bürohochhäuser oder Einkaufszentren, weil hier die erzielbare Mietrendite meist höher ist als bei Wohnungen. Die meisten Fonds investieren schwerpunktmäßig in Deutschland, wobei der Anteil an Immobilien im europäischen Ausland in den letzten Jahren stetig gestiegen ist. Einzelne Fonds sind mit ihren Investments auch weltweit unterwegs und haben auch Immobilien in Amerika oder Australien im Portfolio.

Weil jedoch die Anleger ihre Anteile börsentäglich abrufen können, müssen die Fonds einen guten Teil ihres Vermögens kurzfristig verfügbar halten – und dies geschieht mit der Anlage in festverzinslichen Wertpapieren und Tagesgeldern. Diese so genannte „Liquiditätsquote" liegt bei manchen Fonds bei bis zu 40 Prozent, so dass diese Fondsgattung eigentlich Mischfonds aus Renten- und Immobilieninvestments repräsentiert.

Niedrige Rendite

Die Schwankungen sind sehr gering, die Rendite ist allerdings ebenso begrenzt. Weil bei den meisten Fonds ein Ausgabeaufschlag von fünf Prozent verlangt wird, sollten die Anteile mindestens fünf Jahre lang gehalten werden – damit ist diese Fondsgattung für das längerfristige Sparen eigentlich zu wenig rentabel und für das kurzfristige Sparen mit zu hohen Kaufnebenkosten verbunden.

Die richtige Fondsstrategie

Der eben erwähnte Ausgabeaufschlag ist ein wichtiger Faktor bei Ihrer Anlagestrategie mit Investmentfonds. Wenn Sie in Fondsanteile investieren, müssen Sie beim Kauf eine Gebühr in Form des Ausgabeaufschlags zahlen – daraus werden in erster Linie die Vertriebsprovisionen für die Fondsverkäufer finanziert. Die Höhe dieser einmalig anfallenden Gebühr ist je nach Fondsgattung und Anbieter unterschiedlich hoch. Bei Geldmarktfonds wird zumeist kein Aufschlag verlangt, da dieses Investment immer sehr kurzfristig ausgelegt und der Verwaltungs- und Vertriebsaufwand praktisch gleich null ist. Bei den meisten Rentenfonds liegt die Spanne zwischen 2,5 und vier Prozent, und Aktienfonds sind üblicherweise mit Aufschlägen zwischen vier und 6 Prozent verbunden.

Alternativ dazu werden auch Fonds ohne Ausgabeaufschlag angeboten. Allerdings wird mit dieser Variante dem Anleger nichts geschenkt: Als Ausgleich für den Verzicht auf den Ausgabeaufschlag verlangen die Investmentgesellschaften für solche Fonds deutlich höhere Verwaltungsgebühren. Im Vergleich zum klassischen Fonds mit Ausgabeaufschlag liegen die laufenden jährlichen Kosten meist einen Prozentpunkt höher.

Ohne Aufschlag höhere Jahresgebühr

Daraus errechnet sich, bei welcher Spardauer sich Fonds mit oder ohne Ausgabeaufschlag lohnen. Als Faustregel gilt: Wer beispielsweise einen Fonds mit fünf Prozent Ausgabeaufschlag wählt, sollte sein Geld darin auch fünf Jahre lang angelegt lassen – bei kürzerer Anlagedauer wäre ein aufschlagfreier Fonds mit höherer Verwaltungsgebühr die günstigere Alternative.

Ein weiterer wichtiger strategischer Gesichtspunkt ist die Höhe des Schwankungsrisikos. Hier gilt als Faustregel: Je länger die Anlagedauer, umso höhere Schwankungsbreiten können in Kauf genommen werden.

Diese Faustregel bezieht sich nicht auf die gesamte Anlagedauer, sondern auf den bis zur geplanten Fälligkeit verbleibenden Zeitraum. Wenn Sie sich im achten Jahr eines zehnjährigen Sparplans befinden, sollten Sie daher Ihr Anlagerisiko auf die restlichen zwei Jahre Laufzeit abstimmen.

Risiko schrittweise reduzieren

Daraus resultiert sinnvollerweise die Strategie, im Lauf des Sparplans das Anlagerisiko schrittweise zu reduzieren. Würden Sie dies nicht tun, könnten Ihnen daraus erhebliche Risiken erwachsen. So wäre es strategisch falsch, bei einer geplanten Spardauer von zehn Jahren bis zum letzten Tag allein auf Aktienfonds zu setzen. Wenn zum Zeitpunkt des Immobilienkaufs ein Börsencrash kommen würde, wäre möglicherweise ein wichtiger Teil Ihres Eigenkapitals innerhalb weniger Tage verloren.

Empfehlenswert ist es daher, etwa drei bis fünf Jahre vor dem geplanten Immobilienerwerb mit einer Umschichtung von Aktien- in Rentenfonds zu beginnen. Dies muss nicht zwangsläufig zu einem bestimmten Zeitpunkt in einer einzigen Umschichtungsaktion erfolgen. Sie können auch viertel- oder halbjährlich kleinere Teile Ihres Guthabens „in Sicherheit bringen“. Damit können Sie Kursschwankungen glätten und sich von den kurzfristigen Schwankungen der Aktienmärkte unabhängiger machen.

TIPP

Währungsschwankungen einkalkulieren

Denken Sie beim Risiko nicht nur an die Aktienmärkte. Auch Währungen können teilweise heftig schwanken – und sowohl Aktien- wie auch Rentenfonds legen je nach Anlagestrategie einen mehr oder weniger großen Teil ihres Guthabens in fremden Währungen an. Daher sollten Sie in der Schlussphase durch den Wechsel in Fonds mit den Euro-Ländern als Anlageschwerpunkt auch den Fremdwährungsanteil deutlich reduzieren.

Bausparen

Während die Kredit- und Anlagezinsen bei Banken je nach aktueller Situation am Zinsmarkt recht kräftig schwanken können, wirkt sich bei Bausparkassen das Auf und Ab am Zinsmarkt nur sehr gedämpft aus. Der Grund: Die Institute sind wegen der besonderen Struktur des Bausparvertrags zumindest teilweise vom Zinsmarkt praktisch abgekoppelt.

Die Bausparkassen verschaffen sich von den Bausparern Geld zu günstigen Konditionen, indem sie für das angelegte Bausparguthaben nur einen niedrigen Zins zahlen. Dieses Geld wird wiederum zu vergleichsweise günstigen Zinsen an die Kunden in Form des Bauspardarlehens ausgeliehen. Allerdings stehen diese Mittel nur in begrenztem Umfang zur Verfügung, d.h. eine Bausparkasse kann nur so viel an günstigen Bauspardarlehen vergeben, wie auf der anderen Bilanzseite in Form von Bausparguthaben abgedeckt ist.

Begrenzte Mittel

Aus diesem Grund haben Bausparverträge eine besondere Gestaltung. Sie schließen zunächst einmal einen Vertrag über eine bestimmte Summe ab, dann beginnen Sie mit dem regelmäßigen Sparen, wobei auch Extra-Einzahlungen möglich sind. Je nach angesammeltem Guthaben erhöht sich Jahr für Jahr die so genannte „Bewertungszahl". Hat sie eine bestimmte Höhe erreicht, ist der Vertrag zuteilungsreif. Das bedeutet aber nicht, dass Ihnen das Geld ausgezahlt wird, denn die Bausparkassen unterscheiden spitzfindig zwischen „zuteilungsreif" und „Zuteilung". Erst wenn der Bausparvertrag zugeteilt wird, wird die Bausparsumme auch ausgezahlt – und das kann deutlich später als die Zuteilungsreife sein. Dann können Sie auch die Differenz zwischen dem bereits angesparten Guthaben und der abgeschlossenen Vertragssumme als Bauspardarlehen in Anspruch nehmen.

Kredit erst bei Zuteilung

Bei der Bausparsumme sollten Sie auf den monatlichen Regelsparbeitrag achten. Nur wenn Sie den auch erbringen, wird die Zuteilungsreife in der angegebenen Zeit erreicht. Auf jeden Fall sollten Sie sich einen Sparplan geben lassen. So können Sie feststellen, wie sich Guthaben und Bewertungszahl ergeben und wann Sie mit der Zuteilungsreife rechnen können.

Je nach Tarifvariante ist die Zuteilungsreife meist dann erreicht, wenn das Guthaben etwa 40 bis 50 Prozent der Bausparsumme beträgt und der Vertrag fünf bis neun Jahre regelmäßig bespart wurde. Die Tilgung des Darlehens erfolgt vergleichsweise zügig und ist üblicherweise nach zehn bis fünfzehn Jahren abgeschlossen. Daher müssen Sie beim Bauspardarlehen aufgrund des hohen Tilgungsanteils eine höhere monatliche Kreditrate einplanen als bei einem Bankdarlehen mit langsamerer Tilgung. Achtung: Eine Finanzierung hoher Summen ausschließlich per Bausparvertrag kann für Sie aufgrund zu hoher Kreditraten gefährlich werden. Besser ist da beispielsweise eine Kombination von Bauspar- und Hypothekendarlehen.

Schnelle Tilgung, hohe Monatsrate

Mittlerweile gibt es auch flexible „Optionstarife", bei denen nicht mehr statisch auf 40 oder 50 Prozent Mindestansparsumme geachtet wird. So kann man zum Beispiel das Eineinhalb- oder Zweifache des erreichten Guthabens als Darlehen schon vor Erreichen des Mindesansparsumme bekommen. Allerdings sind dann die Kreditzinsen gestaffelt oder höher. Außerdem muss der Bausparvertrag in diesem Fall mit höheren Raten getilgt werden.

Das Interessante beim Bausparen ist, dass sowohl die Guthaben- als auch die Kreditzinsen schon beim Abschluss des Vertrags verbindlich fixiert werden. Sie haben damit über die gesamte Laufzeit kein Zinsänderungsrisiko.

Allerdings bleibt ein Unsicherheitsfaktor bestehen, weil der Zeitpunkt der Zuteilung von den Bausparkassen nicht garantiert wird.

Keine Garantie bei Zuteilung

Je nach Finanzlage kann die erforderliche Bewertungszahl nach oben oder unten abgeändert werden, so dass sich in ungünstigen Fällen trotz „pflichtgemäßer" Einzahlungen die Zuteilung um mehrere Monate verzögern kann – und dann müssen Sie zusätzliche Zinsen für eine Zwischenfinanzierung bezahlen.

Als reine Geldanlage ist der Bausparvertrag zunächst einmal wenig attraktiv, weil die Guthabenzinsen mit einer Höhe von zwei bis drei Prozent auch in Niedrigzinsphasen vergleichsweise gering ausfallen. Als Entschädigung für diesen Verzicht erhalten Sie jedoch günstige Kreditzinsen. Damit wird allerdings das Bausparen für Sie zur Spekulation, denn je nach Zinsszenario sind Sie auf der Gewinner- oder Verliererseite:

- Wenn Sie in Zeiten niedriger Zinsen ansparen und in der Hochzinsphase den Bausparkredit zugeteilt bekommen, haben Sie gewonnen. Denn beim Sparen wären die Alternativen nicht wesentlich lukrativer gewesen, und bei der Finanzierung hätten Sie für ein Bankdarlehen deutlich mehr bezahlt.
- Wenn Sie jedoch in der Hochzinsphase sparen und in der Niedrigzinsphase Ihr Bauspardarlehen abrufen, haben Sie Geld verloren. Dann nämlich hätten Sie mit anderen Sparplänen viel höhere Zinsen kassiert, während in Niedrigzinsphasen so manches Bankdarlehen nicht teurer als ein Bauspardarlehen ist.

Hohe Nebenkosten

Lassen Sie sich von niedrigen Zinsen nicht blenden, denn Bausparkassen berechnen ihren Kunden hohe Nebenkosten. Dazu zählen beispielsweise laufende Kontoführungsgebühren, die Abschlussgebühr und die Darlehensgebühr beim Abruf des Kredits. Achten Sie deshalb darauf, dass in Planungs- und Vergleichsrechnungen alle Gebühren berücksichtigt werden.

Wenn Sie Anspruch auf Arbeitnehmersparzulage im Rahmen der vermögenswirksamen Leistungen (vL) oder Anspruch auf eine Wohnungsbauprämie haben, können Sie mit dem Bausparen dank staatlicher Zuschüsse eine Extra-Rendite erzielen.

Wenn Sie als Arbeitnehmer Ihre vermögenswirksamen Leistungen (vL) auf einen Bausparvertrag fließen lassen, erhalten Sie auf Sparleistungen bis zu 470 Euro pro Jahr neun Prozent Arbeitnehmersparzulage. Voraussetzung ist jedoch, dass das zu versteuernde Jahreseinkommen maximal 17.900 Euro, bei Verheirateten 35.800 Euro beträgt.

Unterschiedliche Einkommensgrenzen

Darüber hinaus kann für außerhalb der vermögenswirksamen Leistungen eingezahlte weitere Sparbeiträge eine Wohnungsbauprämie kassiert werden. Hier gelten wiederum andere Einkommens- und Fördergrenzen. Mit 8,8 Prozent werden jährliche Einzahlungen bis 512 Euro bei Ledigen und 1.024 Euro bei Verheirateten subventioniert. Die Einkommensgrenze liegt für Alleinstehende bei 25.600 Euro pro Jahr und für Verheiratete bei 51.200 Euro.

Wichtig ist dabei für Sie zu wissen: Die Einkommensgrenzen erscheinen zwar auf den ersten Blick niedrig – doch dank vieler Abzugsmöglichkeiten sind viele Bausparer zulagenberechtigt. Sowohl bei der Arbeitnehmersparzulage wie auch bei der Wohnungsbauprämie ist nämlich als Kriterium nicht das Bruttogehalt auf der Lohnabrechnung, sondern das zu versteuernde Einkommen maßgeblich.

Vielfältige Abzugsmöglichkeiten

So können Arbeitnehmer zunächst einmal alle Ausgaben im direkten Zusammenhang mit dem ausgeübten Beruf, zumindest jedoch den jährlichen Pauschbetrag von 1.044 Euro als Werbungskosten geltend machen. Dazu kommen die Abzugsmöglichkeiten im Rahmen der Sonderausgaben wie Beiträge für Haftpflichtversicherungen, Kirchensteuer, Unterhaltszahlungen an Ex-Ehepartner, ein Teil der Kinderbetreuungskosten und Spenden für wohltätige Zwecke.

Wer Kinder hat, kann überdies für jedes Kind noch den Kinderfreibetrag von jährlich 3.648 Euro pro Kind geltend machen. Dieser wird bei der Ermittlung des für die Arbeitnehmer-Sparzulage relevanten Einkommens auch dann berücksichtigt, wenn der Arbeitnehmer Kindergeld bekommt. So kann das Einkommen bei Ehepaaren mit drei Kindern und einem Arbeitnehmer auf rund 50.000 Euro pro Jahr steigen, ohne dass der Anspruch auf Arbeitnehmersparzulage erlischt.

Unabhängig davon, ob Sie das Bauspardarlehen oder lediglich das ersparte Guthaben in die Finanzierung einbauen, lohnt sich also das Bausparen für Sie, wenn Sie Anspruch auf Arbeitnehmersparzulage oder Wohnungsbauprämie haben.

TIPP

Wichtig: Optimale Vertragssumme

Wichtig beim Bausparen ist jedoch die Wahl der optimalen Vertragssumme. Sie sollten nur so viel einzahlen, wie staatlich gefördert wird. Die darüber hinausgehenden Beträge bringen mangels Förderung keine attraktive Rendite mehr. Daher sollte der Bausparvertrag so ausgelegt sein, dass er mit der Besparung über staatlich subventionierte Einzahlungen nach rund sieben Jahren zuteilungsreif ist.

Achten Sie also auf die passende Vertragssumme, denn hier rundet so mancher Bausparvertreter großzügig nach oben auf. Der Dumme ist dann der Kunde, dessen Abschlussgebühr sich ja nach der Höhe der Vertragssumme bemisst und der somit überhöhte Gebühren zahlt.

Um dies zu vermeiden, sollten Sie anhand der folgenden Tabelle vor dem Abschluss prüfen, ob die Vertragssumme in etwa Ihrer persönlichen Situation entspricht. In der Tabelle finden Sie die ideale Bausparsumme für die unterschiedlichen persönlichen

Situationen zusammengestellt. Bei den Angaben handelt es sich um Zirka-Werte, die je nach Anbieter und Tarif nach oben oder unten variieren können.

Die ideale Bausparsumme

Persönliche Situation	mit Darlehen	ohne Darlehen
Verheiratete		
2 x Sparzulage und Wohnungs-bauprämie	30.000 Euro	18.000 Euro
1 x Sparzulage und Wohnungsbauprämie	25.000 Euro	14.000 Euro
nur Wohnungsbau-prämie	15.000 Euro	9.000 Euro
Ledige		
Sparzulage und Wohnungsbauprämie	15.000 Euro	9.000 Euro
nur Wohnungsbau-prämie	8.000 Euro	4.500 Euro

Versicherungssparen

Beim Verkaufsgespräch in Sachen Kapitallebensversicherung empfiehlt so mancher Versicherungsvertreter den Abschluss mit dem Hinweis, eine solche Police könne bei einer Finanzierung als Sicherheit eingesetzt werden.

Langfristig und unflexibel

Damit stellt sich die Frage, ob das Versicherungssparen im Zusammenhang mit der Immobilienfinanzierung zu den geeigneten Instrumenten für den Aufbau von Eigenkapital zählt. Die Antwort fällt in den meisten Fällen negativ aus, denn ein Versicherungssparvertrag ist zu langfristig ausgelegt und zu unflexibel, um Ihnen bei der Immobilienfinanzierung echte Vorteile bringen zu können.

Weil die Spardauer in vielen Fällen zwischen fünf und zehn Jahren liegt, haben Sie beim Versicherungssparen gravierende Nachteile. Denn beim Einbau in eine Finanzierungsplanung bleiben Ihnen nur zwei Möglichkeiten, die beide jedoch wenig attraktiv sind:

- Sie lösen die Versicherung vorzeitig auf und lassen sich den Rückkaufswert auszahlen. Dabei büßen Sie jedoch einen großen Teil Ihrer Rendite ein, weil die Versicherung in diesem Fall hohe Gebühren abzieht. Außerdem wird der ohnehin schon magere Gewinn noch durch Ertragssteuern belastet, wenn der Vertrag nicht mindestens zwölf Jahre Laufzeit erfüllt.
- Sie führen die Versicherung weiter und treten den Rückkaufswert als Sicherheit an die Bank ab. Dabei müssen Sie jedoch Ihre Kreditsumme erhöhen, weil Sie das Guthaben nicht verflüssigen können. In aller Regel ist aber der Kreditzins, den Sie bezahlen müssen, deutlich höher als die mit einer Versicherung erzielbare Rendite. Je länger die Finanzierung läuft, umso höher ist Ihr Verlust aus dieser Zinsdifferenz.

Fazit: Die Kapitallebensversicherung gehört – auch in Form einer fondsgebundenen Lebensversicherung – nicht zu den gut geeigneten Mitteln für den Aufbau des Eigenkapitals.

Erbschaften und Schenkungen

Der Generationswechsel sorgt für einen gigantischen Kapitalstrom: Jahr für Jahr werden Vermögenswerte im Wert von rund 200 Milliarden Euro vererbt oder als Schenkung an die nächste Generation übertragen – Tendenz steigend.

Größere Summen parken

Ob und in welcher Höhe ein finanzieller Zufluss im konkreten Fall zu erwarten ist, hängt ganz von den familiären Verhältnissen ab. Weil der Zeitpunkt der Übertragung nicht immer mit dem Zeitpunkt des Immobilienerwerbs übereinstimmt, kann es unter Umständen erforderlich sein, eine größere Summe für einen bestimmten Zeitraum zu „parken".

Weil es sich hier meist um Summen handelt, die in der Planung praktisch schon als Eigenkapital verbucht werden, hat bei der Anlage die Sicherheit oberste Priorität. Schwankungsanfällige Anlageformen wie Aktienfonds sollten Sie daher meiden. Wenig sinnvoll sind auch große Sondereinzahlungen auf Bausparverträge, weil diese so aufgebaut sind, dass sie mit einer regelmäßigen Besparung die beste Rendite bringen.

Welche Anlagemöglichkeiten geeignet sind, hängt vor allem von der Anlagedauer ab:

Für die kurzfristige Anlage bis zu einem Jahr eignen sich:
- Tages- und Festgelder sowie
- Geldmarktfonds.

Für die Anlage von einem bis fünf Jahre eignen sich:
- Sparbriefe,
- ein- oder zweijährige Bundesfinanzierungsschätze sowie
- Bundesobligationen oder Pfandbriefe mit entsprechender Restlaufzeit.

Für die Anlage von mindestens fünf Jahren eignen sich:
- Sparbriefe,
- Bundesanleihen und Pfandbriefe mit entsprechender Restlaufzeit sowie
- offene Immobilienfonds.

Die richtige Fälligkeitsplanung

Wenn Sie mit dem Sparen auf den Immobilienerwerb beginnen, haben Sie logischerweise ein konkretes Ziel: In einem absehbaren Zeitraum soll das Guthaben bei der Finanzierung der eigenen vier Wände als Eigenkapital eingesetzt werden.

TIPP

Schnelle Verfügbarkeit

Die Anforderung an die Anlagestrategie ist damit klar: Wenn der Zeitpunkt des Kaufs gekommen ist, sollte das angesammelte Kapital so verfügbar sein, dass es kurzfristig für die Begleichung des Kaufpreises mitverwendet werden kann. Daher sollten Sie sich frühzeitig darüber Gedanken machen, wie lange die Ansparphase dauern soll und wann Sie Wohneigentum erwerben möchten.

Dabei stehen Sie vor dem Problem, dass diese Planung nicht auf den Tag genau festgelegt werden kann. „Jede Prognose ist mit Unsicherheiten behaftet – vor allem dann, wenn sie in die Zukunft gerichtet ist", lautet ein scherzhafter Spruch im Kreis der Konjunkturanalysten. So gilt auch für die persönliche Lebensplanung: Es kann immer etwas dazwischenkommen.

Exakte Planung ist oft nicht möglich

Im positiven Sinn könnte dies sein, dass Sie aufgrund einer überraschenden Schenkung oder eines unerwartet schnellen Karriereschrittes früher in der Lage sind, ein Haus oder eine Wohnung zu kaufen. Doch umgekehrt kann es auch vorkommen, dass eine Phase der Arbeitslosigkeit oder unvorhergesehene Ausgaben den Umstieg vom Mieter zum Eigentümer verzögert. Überdies lässt sich nicht einplanen, zu welchem exakten Zeitpunkt Ihr Traumhaus oder Ihre Traumwohnung auf dem Markt angeboten wird – doch wenn das Angebot kommt, ist es gut, wenn Sie in finanzieller Hinsicht zum Zuschlagen gerüstet sind.

Dazu brauchen Sie eine Fälligkeitsplanung, die Ihnen wenigstens ein Mindestmaß an Spielraum lässt. So können Sie beispielsweise bei Banksparverträgen Produkte auswählen, bei denen Sie nach Ablauf einer Mindestspardauer den Zeitpunkt des Abrufs frei wählen können. Investmentfonds sind ohnehin flexibel und bei Bausparverträgen können Sie ab dem Zeitpunkt der Zuteilung ohne Renditeverzicht auf Ihr Guthaben zugreifen. Soll die Auflösung vorher erfolgen, kann es je nach Vertragsvariante vorkommen, dass Sie auf Extra-Zinsen oder Bonuszahlungen verzichten müssen.

Generell gilt: Je näher der Zeitpunkt des Kaufs rückt, umso flexibler sollte das einzusetzende Eigenkapital verfügbar sein. Weil die Kreditzinsen in aller Regel deutlich höher sind als die Zinsen für Geldanlagen, sollten sich Zwischenfinanzierungen von Festanlagen auf wenige Monate oder maximal ein Jahr beschränken.

Top-Tipps Ansparwege zum Eigenkapital

- Noch wichtiger als die Rendite einzelner Produkte ist, dass Sie so früh wie möglich mit dem Sparen beginnen, um vom Zinseszinseffekt profitieren zu können.
- Achten Sie bei Banksparverträgen nicht nur auf die Verzinsung, sondern auch auf mögliche Steuerfallen, wenn am Ende auf einen Schlag ein hoher Bonus ausgezahlt wird.
- Beim Investmentsparen sollten Sie nach der Devise handeln: Je kürzer die restliche Spardauer, desto geringer sollte Ihr Schwankungs- und Verlustrisiko werden.
- Bausparen lohnt sich für Sie, wenn Sie Arbeitnehmersparzulage oder Wohnungsbauprämie in Anspruch nehmen können. Hüten Sie sich jedoch vor überhöhten Vertragssummen!
- Auf Kapitallebensversicherungen oder fondsgebundene Versicherungen können Sie getrost verzichten.
- Planen Sie die Fälligkeiten der Anlagen möglichst zielgenau und setzen Sie den Schwerpunkt auf flexibel abrufbare Anlageprodukte.

4 Die richtige Finanzierungsstrategie

Bevor Sie Ihre Traumwohnung oder Ihr Traumhaus auswählen können, brauchen Sie zunächst Klarheit über Ihre finanzielle Belastbarkeit. Eigentlich eine Selbstverständlichkeit – doch wie oft die eigene Finanzkraft falsch eingeschätzt wird, zeigen die Zahlen der Zwangsversteigerungsstatistik. Jahr für Jahr kommen in Deuschland mehrere zigtausend Immobilien unter den Hammer. Die Gründe dafür liegen nicht selten darin, dass die Finanzierung nach dem „Prinzip Hoffnung" aufgebaut wurde.

Je gründlicher Sie also Ihre Finanzierung planen, umso geringer ist das Risiko, dass Sie nach dem Kauf böse Überraschungen erleben. Und schließlich wollen Sie in Ihrem neuen Zuhause nicht nur stilvoll wohnen, sondern auch ruhig schlafen.

Der Kaufpreis ist nicht alles

Bevor Sie Ihren finanziellen Rahmen festlegen, sollten Sie wissen, dass dieser nicht mit dem beim Notar fixierten Kaufpreis übereinstimmt. Denn: Zum „Netto"-Kaufpreis, der auf das Konto des Verkäufers überwiesen wird, kommen noch einige größere Posten hinzu.

Schon in der ersten ungefähren Finanzierungsplanung sollten Sie daher die folgenden Nebenkosten berücksichtigen:

- die Grunderwerbsteuer in Höhe von 3,5 Prozent des im Notarvertrag festgelegten Kaufpreises,
- die Kosten für Notarvertrag und Grundbucheintragungen, die je nach Höhe der einzutragenden Grundschulden weitere ein bis 1,5 Prozent ausmachen,
- Wenn Sie einen Immobilienmakler einschalten, müssen Sie dessen Provision berücksichtigen – je nach Marktlage und

Verhandlungsgeschick zwei bis vier Prozent plus Mehrwertsteuer.

- Nicht zuletzt sollten Sie bedenken, dass Sie nicht alle bisherigen Einrichtungsgegenstände ins neue Eigenheim übernehmen können – inbesondere die Einbauküche. Planen Sie deshalb für Neuanschaffungen genügend Reserven ein.

Wie sich diese Kalkulation konkret auswirken kann, verdeutlicht das folgende Beispiel:

Kaufpreis eines Reihenhauses	250.000,– €
Grunderwerbsteuer 3,5 %	8.750,– €
Notar- und Grundbuchgebühren 1,25 %	3.125,– €
Maklergebühren 3,48 % inkl. MWSt.	8.700,– €
Neue Einbauküche und weitere Möbel	7.500,– €
Gesamtsumme	**278.075,– €**

Beim Kauf eines Altbaus sollten Sie darüber hinaus die Aufwendungen für Renovierung und Modernisierung einplanen. Hier sollten Sie großzügigen Spielraum für unvorhergesehene Aufwendungen lassen, denn die Erfahrung zeigt: Im Laufe einer Renovierung kommen fast immer einige Zusatzarbeiten hinzu, und der ursprünglich geplante Etat wird oft überschritten.

Teure Kalkulationsfehler

Wären Sie in diesem Fall nur von der Finanzierung des reinen Kaufpreises ausgegangen, müssten Sie mehr als 28.000 Euro nachfinanzieren. Bei 6 Prozent Zins und zwei Prozent anfänglicher Tilgung würde sich durch diesen Kalkulationsfehler Ihre Monatsrate um 187 Euro verteuern.

Dazu kommt ein weiterer wichtiger Punkt: Je niedriger Ihre Eigenkapitalquote ist, umso höhere Zinsen verlangt die Bank. Wenn Sie in diesem Berechnungsbeispiel 60.000 Euro an Eigenkapital vorweisen können, scheint Ihre Eigenkapitalquote bei der Finanzierung zunächst bei 24 Prozent zu liegen. Weil Sie jedoch die gesamten Nebenkosten mitfinanzieren müssen, benötigen Sie ein Darlehen in Höhe von 218.000 Euro. Dieses setzt die Bank ins Verhältnis zum reinen Kaufpreis, und damit liegt Ihre Eigenkapitalquote tatsächlich bei nur 12,8 Prozent.

Nebenkosten aus Eigenkapital zahlen

Stellen Sie Ihre Kalkulation stets so auf, dass sämtliche Nebenkosten aus dem Eigenkapital finanziert werden. Dann können Sie das restliche Eigenkapital dem Kaufpreis gegenüberstellen und daraus die Eigenkapitalquote als Basis für die Finanzierungsverhandlung errechnen.

Wie viel Schulden kann ich mir leisten?

Ganz klar: Mit der richtigen Antwort auf diese Frage steht und fällt Ihre Finanzierung. Auch wenn am Ende der Traum von den eigenen vier Wänden eine Nummer kleiner ausfällt, sollten Sie der finanziellen Sicherheit oberste Priorität einräumen. Gehen Sie strukturiert vor, behalten Sie Ihre Einnahmen und Ausgaben im Blick, und auf diese Weise können Sie Ihren finanziellen Spielraum in drei Schritten abstecken:

- Im ersten Schritt ermitteln Sie, wie hoch Ihre derzeitigen Einnahmen und Ausgaben sind.
- Im zweiten Schritt rechnen Sie aus, wie sich nach dem Übergang vom Mieter zum Eigentümer – noch ohne Berücksichtung der Kreditrate – diese Ausgaben verändern und wie viel Reserve Ihnen dann für Zins und Tilgung bleibt.
- Im dritten Schritt können Sie nun anhand der möglichen Monatsrate, die Sie leisten können, die Höhe des Darlehens bestimmen.

Ihre ganz persönliche Einnahmen- und Ausgabenrechnung ist die Basis für alle weiteren Rechenschritte, und so sollten Sie hier möglichst exakte Werte einplanen. In den Lebensbereichen, wo die Beträge schwanken, sind Sie mit dem Prinzip der vorsichtigen Kalkulation auf der sicheren Seite: Verwenden Sie bei schwankenden Einnahmen einen eher unterdurchschnittlichen und bei schwankenden Ausgaben einen eher überdurchschnittlichen Wert.

Ihre Einnahmen

Zunächst sollten Sie Ihre Einnahmen auflisten. Dazu zählen vor allem:

- **Ihr Einkommen.** Das ist in den meisten Fällen ein recht stabiler Ertrag, der während des Jahres durch Sonderzahlungen wie Urlaubs- oder Weihnachtsgeld beeinflusst wird. Allerdings kann es auch sein, dass das Einkommen stark schwankt. Wenn Sie im Außendienst tätig sind und überwiegend auf Provisionsbasis bezahlt werden, ist das monatliche Fixum in aller Regel sehr niedrig. Wie hoch der Gehaltsscheck am Ende des Monats ausfällt, hängt vor allem von Ihrem Verkaufserfolg ab – und der ist nicht im Voraus planbar. Noch stärker werden die Schwankungen, wenn Sie selbstständig sind. In diesem Fall sollten Sie einen großzügigen Abschlag einkalkulieren, um die Finanzierung auch in wirtschaftlich schwierigen Zeiten sichern zu können.

- **Kapitaleinkünfte.** Dazu zählen in aller Regel Zinseinnahmen, sofern die Zinsen nicht gleich wieder angelegt werden. Doch Vorsicht: Wenn Sie solche Guthaben als Eigenkapital beim Immobilienerwerb einsetzen, fließen daraus keine Zinsen mehr – und dann müssen die Einnahmen aus Ihrer Kalkulation herausgenommen werden.

- **Staatliche Zahlungen.** Vor allem für junge Familien gibt es Monat für Monat Geld vom Staat, das die persönlichen Einnahmen etwas aufbessert. So haben Sie für jedes unterhaltspflichtige Kind ohne eigenes Einkommen in Ihrem Haushalt Anspruch auf Kindergeld. Dazu kommt – sofern Sie innerhalb der Einkommensgrenzen liegen – bei Kleinkindern in den ersten Lebensjahren das Erziehungsgeld.

Ihre Ausgaben

Damit ist die Einkommensseite bereits abgehakt, und Sie können sich nun der – meist deutlich längeren – Aufstellung der Ausgaben widmen. Hier bietet sich die Aufgliederung nach verschiedenen Lebensbereichen an.

Einen wichtigen Posten bilden die laufenden Lebenshaltungskosten, die insbesondere die folgenden Positionen umfassen:
- Ausgaben für Nahrung, Kleidung, Körperpflege etc.
- Heizung, Strom, Wasser, Müllabfuhr etc.
- Abonnements, Telefonkosten
- Fahrkarten
- Kosten für Ausgehen, Bücher, Kultur etc.

Zu den laufenden Kosten kommen die unregelmäßigen Ausgaben, die vielleicht nur ein oder zwei Mal pro Jahr in größeren Beträgen anfallen. Diese Kosten sollten Sie bei Ihrer Planung auf ein monatliches Budget umrechnen. Die wichtigsten Beispiele:
- Ausgaben für Urlaub
- Versicherungsbeiträge

Auch für größere Anschaffungen, die in längeren Abständen fällig sind, sollten Sie genügend finanziellen Spielraum einplanen. Dazu zählen unter anderem:
- Möbel und andere Einrichtungsgegenstände
- Haushaltsgeräte
- Computer, TV, Videorecorder

Oftmals höher als vermutet sind die Ausgaben für das Auto. Hier wäre es ziemlich leichtsinnig, lediglich mit Benzinkosten und Versicherungsbeiträgen zu kalkulieren, denn die Nebenkosten summieren sich zu stattlichen Beträgen. Je nach Fahrzeug sollten Sie pro Monat etwa 300 bis 500 Euro an Kfz-Kosten einkalkulieren. Dazu zählen:

- Kosten für Benzin, Inspektionen und Reparaturen
- Versicherung und Kfz-Steuer
- Leasing- oder Finanzierungsraten
- Nicht vergessen: Rücklagen für die Anschaffung des nächsten Autos

Neue Kosten kommen dazu

Auch wenn Sie schon bald Ihr Mieterdasein aufgeben wollen, sollten Sie dennoch die Wohnkosten nicht vernachlässigen. Zwar fällt die Kaltmiete als Kostenfaktor künftig weg. Doch im Gegenzug kommen eine Reihe von Aufwendungen neu hinzu: So müssen Sie Gebäudeversicherung und Grundsteuer künftig ebenso aus eigener Tasche bezahlen wie die Gebühren für die Hausverwaltung, wenn Sie Wohnungseigentümer sind.

Weil auch alle laufenden Renovierungs- und Reparaturarbeiten selbst zu bezahlen sind, sollten Sie dafür schon im monatlichen Einnahmen- und Ausgabenbudget eine regelmäßige Rücklage einplanen.

Checkliste: So ermitteln Sie Ihre aktuelle Liquidität

Einnahmen pro Monat:	
Nettoeinkommen:	
Kapitalerträge (ohne Eigenkapital fürs Bauen)	
Sonstige Einnahmen (z.B. Kindergeld)	
Summe der Einnahmen:	

Ausgaben pro Monat:	
Lebenshaltungskosten:	
Unregelmäßige Ausgaben (z.B. Urlaub)	
Beiträge, Versicherungen	
Rücklagen für Anschaffungen	
Kfz-Aufwendungen inkl. Rücklage für Neukauf	
Laufende Nebenkosten Eigenheim	
Summe der Ausgaben:	
Summe der Einnahmen	
– Summe der Ausgaben	
= finanzielle Reserve pro Monat	

Kalkulieren Sie als höchstmögliche Kreditrate nicht die gesamte finanzielle Reserve ein – denn es könnte ja sein, dass Sie in Ihrer Aufstellung einen Ausgabenposten vergessen haben oder dass sich die Einnahmen und Ausgaben ungünstiger als erwartet entwickeln. Etwa zehn Prozent Luft sollten auf jeden Fall zwischen Finanzreserve und Kreditrate bleiben.

Kalkulieren Sie mit Reserven!

Nun können Sie zumindest näherungsweise den Darlehensbetrag ermitteln, den Sie maximal aufnehmen können. Dabei gibt es allerdings noch zwei Variablen: Ihr Alter und die aktuellen Marktzinsen.

Beide Faktoren beeinflussen die notwendige Höhe der anfänglichen Tilgung. Je älter Sie sind, umso schneller muss die Baufinanzierung abgezahlt werden – denn bis zum Eintritt ins Rentenalter sollte Ihr Eigenheim unbedingt schuldenfrei sein. Auch die Höhe der Finanzierungszinsen wirkt sich auf die Gesamtdauer Ihrer Finanzierung aus. Je niedriger der Zins, umso länger dauert bei identischer anfänglicher Tilgung die Rückzahlung des Darlehens.

Damit lauert in Zeiten niedriger Zinsen die Tilgungsfalle. Der Grund: Je niedriger die gesamte Monatsrate, umso langsamer wächst der Tilgungsanteil innerhalb der Rate. So würde ein Bauherr bei einem Nominalzins von fünf Prozent und einer anfänglichen Tilgung von ein Prozent rund 36 Jahre brauchen, um ohne Sondertilgung seinen Kredit abzustottern. Bei acht Prozent Zins und gleicher anfänglicher Tilgung reduziert sich die gesamte Finanzierungsdauer aufgrund der insgesamt höheren Rate auf nur noch gut 27 Jahre. Finanzierungsexperten empfehlen daher, bei niedrigen Zinsen von Beginn an mehr zu tilgen, um diesen Nachteil auszugleichen.

Tilgungsfalle bei niedrigem Zins

Liegen die Zinsen für zehnjährige Darlehen bei sieben Prozent, dann sollten Sie eine Anfangstilgung von ein Prozent hinzurechnen, wenn Sie bei Darlehensabschluss 30 Jahre alt sind. Bei der Tilgung sollten Sie für jeweils fünf Jahre, die Sie älter sind, einen halben Prozentpunkt mehr veranschlagen. Damit wäre beim Abschluss im Alter von 40 Jahren eine Anfangstilgung von zwei Prozent erforderlich. Beim Zins rechnen Sie wie folgt: Für jeden Prozentpunkt, den der Marktzins unterhalb der Sieben-Prozent-Marke liegt, planen Sie ein halbes Prozent Tilgung mehr ein. Damit kämen Sie bei 40 Jahren und sechs Prozent Zins auf eine Anfangstilgung von 2,5 Prozent.

Berücksichtigen Sie Ihr Alter

Achten Sie bei der Ermittlung der Marktzinsen darauf, dass der Zinssatz für Darlehen gilt, bei denen 80 bis 90 Prozent des Kaufpreises finanziert werden können – es sei denn, Sie haben so viel Eigenkapital, dass Sie mit den etwas günstigeren Zinsen für besser abgesicherte Finanzierungen kalkulieren können.

Wie viel Kredit ist möglich?

Möglicher Kreditbetrag bei Zins und Tilgung von ... in Euro			
Monatsrate	7 %	8 %	9 %
600	103.000	90.000	80.000
800	137.000	120.000	107.000
1000	171.000	150.000	133.000
1200	206.000	180.000	160.000
1400	240.000	210.000	187.000
1600	274.000	240.000	213.000

(Kreditbeträge jeweils kaufmännisch auf 1.000 Euro gerundet, die Monatsrate enthält eine anfängliche Tilgung von ein Prozent.)

Der wichtigste Baustein: das Eigenkapital

Auch wenn Sie sich dank eines guten Einkommens ein ordentliches Darlehen leisten könnten, wäre doch ohne ein Mindestmaß an Eigenkapital keine solide Baufinanzierung möglich. 20, besser noch 30 Prozent der Gesamtkosten sollten Sie schon per Eigenkapital decken können. Daher sollten Sie nun ermitteln, in welcher Höhe Sie bereits erspartes Guthaben in Ihre Finanzierung einbauen können.

Wichtig bei der Aufstellung des Eigenkapitals ist nicht zuletzt auch die Frage, ob dieses Guthaben sofort verfügbar ist. Falls nicht, müssen Sie es nämlich bis zur Fälligkeit zwischenfinanzieren – und die dafür anfallenden Mehraufwendungen in Form zusätzlicher Kreditzinsen in der Finanzierungsplanung mit berücksichtigen.

Wann ist das Geld verfügbar?

Hier nun ein Überblick über die Finanzmittel, die als Eigenkapital bei der Immobilienfinanzierung Verwendung finden können:

- **Tages- und Termingelder** sind kurzfristig verfügbar und können sofort als Eigenkapital eingesetzt werden.
- **Investmentfondsanteile und Aktien** können Sie kurzfristig an der Börse verkaufen und somit ohne Zwischenfinanzierung als Eigenmittel beim Bauen einsetzen. Um Ihr Risiko zu minimieren, sollten Sie Aktien oder Aktienfonds gegen schwankungssichere Tages- oder Termingelder eintauschen, sobald Sie sich zum Immobilienkauf entschlossen haben.
- **Sparbriefe oder langfristige Festgelder** lassen sich bis zur Fälligkeit in der Regel problemlos zwischenfinanzieren. Die Differenz zwischen Guthaben- und Kreditzins sollten Sie auf jeden Fall in Ihre Kostenrechnung mit einbeziehen.
- Bei **Bausparguthaben** kommt es darauf an, ob der Vertrag schon zuteilungsreif ist und ob Sie für die Finanzierung den günstigen Bausparkredit in Anspruch nehmen wollen. Bei Bedarf sollten Sie auch hier bis zur Zuteilung des Vertrags eine Zwischenfinanzierung wählen – das ist zwar kurzfristig teurer, aber auf lange Sicht können Sie von den vergleichsweise niedrigen Zinsen bei Bausparkrediten profitieren.

Komplizierte Riester-Regeln

Guthaben aus Riester-Sparverträgen sind als Eigenkapital nur bedingt geeignet. Zwar sieht die Regelung vor, dass aus bestehenden Altersvorsorge-Sparverträgen vorübergehend Geld für den Erwerb von Wohneigentum entnommen werden darf, mit der Entnahme bereits geförderter Vorsorgegelder verknüpft der Gesetzgeber jedoch strenge Regelungen. Voraussetzung für das Entnehmen von Eigenkapital für den Wohnungskauf aus einem Vorsorgevertrag ist zunächst einmal, dass sich auf dem Sparvertrag bereits ein Guthaben von mindestens 10.000 Euro angesammelt hat. Die maximale Entnahme liegt bei 50.000 Euro. Der entnommene Betrag muss in regelmäßigen Raten bis zum Ende der regulären Ansparzeit wieder auf dem Vertrag gutgeschrieben sein. Die Raten müssen so hoch sein, dass das Konto spätestens zum 65. Lebensjahr wieder gefüllt ist. Damit müssen Sie während der Darlehensphase zwangsweise den Sparvertrag auffüllen – und dieses Geld fehlt Ihnen wiederum bei der Tilgung Ihres Darlehens.

Eigenleistungen sollten Sie vorsichtig kalkulieren

Für tatkräftige Bauherren ist die Vorstellung verlockend: Wenn Eigenkapital und Darlehen für die Finanzierung nicht ausreichen, wird eben selbst mit Hand angelegt – immerhin wird die Eigenleistung am Bau im Volksmund als „Muskelhypothek" bezeichnet. Doch nicht alle Arbeiten lassen sich zwischendurch in Feierabend- und Samstagsarbeit erledigen, und irgendwann ist auch das Urlaubskontingent ausgeschöpft. Wenn dann im Lauf der Zeit die Motivation im Freundes- und Verwandtenkreis nachlässt, kann dies der Beginn ernsthafter Termin- und Geldprobleme sein. Um solche Risiken von vornherein möglichst auszuschalten, sollten Sie auch bei den Eigenleistungen genügend Reserven einplanen, um unvorhergesehene Ausgaben und Schwierigkeiten meistern zu können.

„Muskelhypothek" wird oft überschätzt

Bei so genannten „Ausbauhäusern" ist es empfehlenswert, den Preisnachlass durch Eigenleistung kritisch mit den Mehrkosten durch die Selbstbeschaffung des Materials zu vergleichen. Wenn dann Ihr eigener Einsatz nach Abzug der zusätzlichen Materialkosten nicht angemessen vergütet wird, kann es sinnvoller sein, auf Eigenleistungen zu verzichten und das zusätzliche Eigenkapital durch Überstunden oder einen Nebenjob zu erwirtschaften.

Bauexperten gehen übrigens davon aus, dass selbst tatkräftige, handwerklich versierte und engagierte Bauherren nur in den seltensten Fällen mehr als 15.000 Euro mit Eigenleistungen sparen können. Das sollte auch für Sie die Obergrenze für den veranschlagten Preisnachlass durch Eigenleistung sein.

Das Bankdarlehen

Die meisten Baufinanzierungen laufen über Bankdarlehen, und in der Mehrzahl der Fälle ist das für Sie als Immobilienkäufer oder Bauherr auch die beste Lösung. Dabei stellt Ihnen entweder die Bank selbst den Kredit zur Verfügung, oder sie vermittelt das Darlehen an eine Hypothekenbank weiter, die sich auf Baufinanzierungen spezialisiert hat.

Gängige Lösung

Als Sicherheit stellen Sie der kreditgebenden Bank eine Grundschuld zur Verfügung. Die Rückzahlung erfolgt in monatlich gleich bleibenden Raten – auch Annuität genannt – mit einer anfänglichen jährlichen Tilgung von etwa 1 Prozent bis 3 Prozent des Kreditbetrags. Die Rate bleibt immer gleich hoch, während der Kreditbetrag zunächst langsam, dann immer schneller abnimmt. Dadurch erhöht sich im Lauf der Zeit der Tilgungsanteil.

Je höher Ihre anfängliche Tilgung ist, desto schneller haben Sie Ihr Darlehen zurückgezahlt. Bei einer Anfangstilgung von ein Prozent der Darlehenssumme kann die gesamte Rückzahlungsdauer mehr als 30 Jahre betragen, bei drei Prozent anfänglicher Tilgung sind es nicht einmal mehr 20 Jahre.

Der Darlehensvertrag zwischen Ihnen und der Bank läuft allerdings nicht bis zur Tilgung der letzten Restschuld, sondern nur bis zum Ende der so genannten Zinsfestschreibungsfrist. Innerhalb dieses Zeitraums darf die Bank den Zins nicht verändern, und Sie können Ihre Raten sicher und bequem im Voraus kalkulieren.

Nach Zinsfestschreibung neu entscheiden

Für Sie als Bauherr bedeutet das: Zwar sind die Zinsen für langfristig festgeschriebene Darlehen vor allem in Niedrigzinsphasen höher als für kurzfristige, aber dafür bieten sie mehr Sicherheit. Es wäre unklug und riskant, nur wegen einigen Zehntelprozenten Zinsvorteil die gesamte Baufinanzierung nur auf vier oder fünf Jahre festzuschreiben. Wenn dann die Zinsbindung ausläuft, haben Sie bei 1,5 Prozent Anfangstilgung gerade mal rund 9 Prozent Ihrer Schulden getilgt. Sind bis dahin die Zinsen gestiegen, müssen Sie bei den Monatsraten tiefer in die Tasche greifen. Eine zu kurze Zinsfestschreibung hat schon manche Finanzierung ins Wanken gebracht und im schlimmsten Fall sogar zur Zwangsversteigerung geführt.

TIPP

Gerade in einer Niedrigzinsphase sollten Sie Bankdarlehen mit einer langen Zinsbindung – zum Beispiel 15 oder 20 Jahre – wählen. So sind Sie bei Ihrer Baufinanzierung auf der sicheren Seite und haben das Zinsänderungsrisiko langfristig ausgeschaltet. Außerdem können Sie Darlehensverträge mit einer Laufzeit von mehr zehn Jahren grundsätzlich nach Ablauf von zehn Jahren mit einer Frist von sechs Monaten kündigen (§ 489 BGB).

Niedriger Zins, lange Bindung

Ihr Schuldenberg nimmt bei langfristig festgeschriebenen Krediten im Lauf der Zeit auf erfreuliche Weise ab: Nach zehn Jahren haben Sie bei gleicher anfänglicher Tilgung jedoch schon 21 Prozent Ihrer Schulden getilgt, nach 15 Jahren sind es sogar schon 38 Prozent.

Doch was ist, wenn Sie unerwartet zu Geld kommen und zwischendurch einen Teil Ihres Darlehens außerplanmäßig tilgen wollen? Vor dem Ende der Zinsfestschreibungsfrist läuft theoretisch nichts – aber in der Praxis gibt es so genannte Sondertilgungsklauseln. Mit solchen Vereinbarungen im Kreditvertrag sichern Sie sich die Möglichkeit, innerhalb eines bestimmten Rahmens zusätzliche Tilgungen leisten zu dürfen. Marktüblich ist, dass pro Jahr rund 5 Prozent des Kreditbetrags außerplanmäßig getilgt werden dürfen.

Mit Sondertilgungen flexibel bleiben

Manche Banken verlangen einen Zinsaufschlag für die Gewährung von Sondertilgungen. Achten Sie beim Vergleich auf diese Klauseln, wenn Sie sich die Möglichkeit außerplanmäßiger Tilgungen offen halten wollen.

Mix als Alternative

Eine Alternative besteht darin, einen kleinen Teil des Darlehens auf vier oder fünf Jahre festzuschreiben. Das sollten Sie allerdings nur tun, wenn beim langfristig festgeschriebenen Darlehen keine Sondertilgungen möglich sind und wenn Sie wissen, dass Sie einen großen Teil davon in vier oder fünf Jahren wirklich getilgt haben können. Der Anteil an kurzfristigen Darlehen sollte jedoch auf keinen Fall ein Drittel der gesamten Darlehenssumme übersteigen.

Das Bauspardarlehen

Wenn sich auf einem bestehenden Bausparvertrag bereits ein ordentliches Guthaben angesammelt hat, können Sie die Inanspruchnahme des Bauspardarlehens in Betracht ziehen. Entscheidend für den kurzfristigen Einbau in die Finanzierung ist jedoch, dass der Vertrag bereits zuteilungsreif ist oder es zumindest in Kürze sein wird.

Mit dem Bauspardarlehen sind sowohl Vorteile wie auch Nachteile verbunden. Hier zunächst die Vorzüge:

- Beim Bausparen gibt es günstige Kreditzinsen, die je nach Tarif meist zwischen fünf Prozent und 6,5 Prozent effektivem Jahreszins liegen. Je nach aktuellem Marktzins können Sie möglicherweise günstiger Konditionen als beim Bankdarlehen erhalten.
- Die Darlehenszinsen sind über die gesamte Laufzeit festgeschrieben. Das schützt Sie vor unliebsamen Überraschungen auf dem Geldmarkt.

- Bei der Sicherstellung des Darlehens begnügen sich die Bausparkassen mit dem zweiten Rang im Grundbuch. So müssen Sie auch bei wenig Eigenkapital keinen Zinszuschlag bezahlen.
- Der Tilgungsanteil ist von Beginn an sehr hoch, so dass ein Bauspardarlehen nach acht bis zwölf Jahren komplett abgezahlt ist.

Allerdings sollten Sie auch die Kehrseite der Medaille nicht aus den Augen verlieren:

- Der Zuteilungstermin kann nicht garantiert werden. Das erfordert unter Umständen eine mehrmonatige Zwischenfinanzierung.
- Wegen der kurzen Gesamtlaufzeit ist die Darlehensrate im Vergleich zu Bankdarlehen sehr hoch. Bei einem Kredit von 25.000 Euro (was einer Bausparsumme von rund 50.000 Euro entspricht) müssen Sie jeden Monat etwa 300 Euro zurückzahlen. Von einer Baufinanzierung ausschließlich per Bauspardarlehen ist daher abzuraten.
- Die Bausparinstitute kassieren auch bei der Kreditzuteilung hohe Gebühren. 1 Prozent bis 2 Prozent des Kreditbetrags als Darlehensgebühr sind keine Seltenheit.

Komplettfinanzierung zum Festzins

Manche Bausparkassen bieten auch die Komplettfinanzierung an. Das funktioniert wie folgt:
Sie schließen einen Bausparvertrag über die gesamte Finanzierungssumme ab und überweisen darauf Ihre monatlichen Sparraten. Bis zur Zuteilung des Vertrags brauchen Sie jedoch eine Zwischenfinanzierung, für die Sie nur Zins und keine Tilgung bezahlen. Sobald das Bauspardarlehen zugeteilt wird, lösen Sie die Zwischenfinanzierung auf und schulden auf das Bauspardarlehen um. Ihr Vorteil dabei: Sie haben einen festen Zins und eine feste Rate über die gesamte Laufzeit.

Wann sind Sie schuldfrei?

Wenn Sie diese Konstruktion mit einem Bankdarlehen vergleichen wollen, haben Sie ein Problem: Durch das gleichzeitige Ansparen und die Zwischenfinanzierung können Sie den Effektivzins nicht richtig vergleichen.

Ziehen Sie zum Vergleich ein Bankdarlehen mit gleicher Auszahlungshöhe, gleicher Monatsrate und der Zinsbindung über die gesamte Darlehenslaufzeit heran. Die bessere Variante ist diejenige, mit der Sie früher schuldenfrei werden.

Das Versicherungsdarlehen

Die Finanzierung über ein Lebensversicherungsdarlehen ist nichts anderes als eine spezielle Variante des Bankdarlehens. In der monatlichen Rate ist allerdings kein Tilgungsanteil eingerechnet, sondern nur der Darlehenszins. Die eigentliche Tilgung erfolgt, indem Sie parallel zur Zinszahlung zusätzliche Beträge in eine kapitalbildende Lebensversicherung einzahlen. Nach Ablauf der Versicherung erhalten Sie Ihre eingezahlten Beiträge mitsamt Zinsen und Überschussanteilen. Mit dieser Summe lösen Sie auf einen Schlag nach 15, 20 oder 30 Jahren das komplette Darlehen ab.

Allerdings hat die Erfahrung der letzten Jahre gezeigt, dass in Zeiten niedriger Marktzinsen so mancher Lebensversicherer massive Renditeprobleme bekommen kann. Sie sollten daher keinesfalls davon ausgehen, dass Sie mit der Lebensversicherung eine höhere Rendite erzielen, als Sie an Zinsen für Ihr Darlehen bezahlen. Damit ist es für Eigennutzer sinnvoller, das Bankdarlehen gleich direkt und ohne den Umweg über die Versicherung zu tilgen.

Hohes Risiko bei Zinsanstieg

Weil das Darlehen nicht direkt getilgt wird, lauert hier ein besonderes Risiko: Wenn nach Auslaufen der Zinsbindung die Zinsen gestiegen sind, schlägt die Erhöhung mit voller Wucht auf Ihre gesamten Schulden durch, weil Sie vom ursprünglichen Kreditbetrag noch keinen Cent getilgt haben.

Welche Kreditsicherheiten Sie stellen müssen

Ob Bank-, Bauspar- oder Versicherungsdarlehen: Kein Kreditinstitut gibt Ihnen ein Baudarlehen, ohne dafür von Ihnen handfeste Sicherheiten als Pfand zu erhalten.

Bei der Baufinanzierung ist es üblich, dass Sie als Sicherheit für das gewährte Darlehen dem kreditgebenden Institut den Zugriff auf Ihre Immobilie einräumen. Das bedeutet in letzter Konsequenz: Wenn Sie Ihre Schulden nicht mehr begleichen können oder wollen, darf die Bank Ihre Immobilie zwangsversteigern lassen und aus dem Erlös den für die Tilgung der Schulden notwendigen Teil einbehalten. Man spricht in diesem Fall zwar meist von einem „Hypothekendarlehen", doch als Absicherung dient fast immer eine Grundschuld.

Grundschuld ist keine Hypothek

Der wichtige Unterschied: Die Hypothek ist an die Höhe der damit gesicherten Darlehensforderung gebunden und entspricht somit immer exakt dem aktuellen Stand des Kreditkontos. Ist die letzte Rate bezahlt, erlischt die Hypothek automatisch. Die Grundschuld hingegen ist unabhängig vom Stand des Darlehens und besteht so lange, bis sie im Grundbuch gelöscht wird. Die Löschung wird gekennzeichnet, indem der entsprechende Grundschuldeintrag rot unterstrichen wird.

Wenn ein Grundschulddarlehen getilgt ist, sollten Sie die Grundschulden nicht löschen lassen, sondern sich lediglich von der Bank bestätigen lassen, dass sie diese nicht in Anspruch nimmt. Damit sparen Sie sich die Kosten für die Löschung und für eine Neueintragung, wenn Sie wieder Kredit brauchen.

In der Kreditpraxis hat sich die Grundschuld durchgesetzt, weil sie vor allem für die Banken einfacher zu handhaben ist. Ist eine Hypothek eingetragen, muss im Fall der Zahlungsunfähigkeit des Kreditnehmers die Bank erst einmal nachweisen, dass dieser noch offene Schulden hat, da die Hypothek ansonsten hinfällig wäre. Bei der Absicherung über Grundschulden können die Außenstände schneller vollstreckt werden, ohne dass vorher ein zeitraubendes juristisches Verfahren eingeleitet werden muss.

Schnelle Vollstreckung

So unterscheiden sich Grundschuld und Hypothek:

Höhe des Darlehens in Euro			Höhe der Sicherheit in Euro	
	zu Beginn	nach 10 Jahren	zu Beginn	nach 10 Jahren
bei Grundschuld	100.000	75.000	100.000	100.000
bei Hypothek	100.000	75.000	100.000	75.000

Grundschulden werden im Grundbuch eingetragen, wo sie von jedem eingesehen werden können, der ein berechtigtes Interesse – beispielsweise Kaufabsichten – nachweisen kann. Das Grundbuch genießt „öffentlichen Glauben“, und damit kann jeder davon ausgehen, dass das, was im Grundbuch steht, auch stimmt.

Die Eintragung einer Grundschuld erfolgt nicht zum Nulltarif, sondern wird von Notar und Grundbuchamt teuer in Rechnung gestellt. Die Kosten können je nach Höhe des Grundschuldbetrags einige hundert bis über tausend Euro betragen.

Abtretung ist günstiger

Die Banken können untereinander Grundschulden weitergeben, was entweder ohne Eintrag im Grundbuch in Form einer privatschriftlichen Abtretung geschieht oder im Grundbuch vermerkt wird. Das ist beispielsweise dann der Fall, wenn Sie bei einer Baufinanzierung nach Ablauf der Zinsbindungsfrist die Bank wechseln, weil Sie von einem anderen Institut ein günstigeres Angebot bekommen haben. Anstatt eine teure Löschung und Neueintragung vorzunehmen, bleibt dann die erste Bank im Grundbuch als Grundschuldinhaber bestehen und überträgt diese Rechte an die Bank, die die neue Finanzierung durchführt.

Der Kredit muss übrigens nicht unbedingt für die Finanzierung der Immobilie bestimmt sein, auf die die dazugehörige Grundschuld eingetragen ist. Wenn Sie beispielsweise ein schuldenfreies Haus besitzen und eine vermietete Wohnung finanzieren wollen, können Sie vom lastenfreien Haus zusätzliche Grundschulden zur Verfügung stellen, um durch die höhere Absicherung bessere Konditionen zu erhalten.

Die unterschiedlichen „Ränge" der Grundschulden sagen einiges über die tatsächliche Sicherheit aus, denn im Falle einer Zwangsversteigerung gilt der Grundsatz: Wer zuerst seine Ansprüche verbrieft hat, bekommt als Erster sein Geld.

Erstrangige Plätze sind begehrt

Ist nun ein Haus mit 100.000 Euro von Bank A, 50.000 Euro von Bank B und 50.000 Euro von Bank C belastet und es wird bei der Zwangsversteigerung ein Erlös von 175.000 Euro erzielt, kann die Bank C die Hälfte ihrer Forderungen in den Wind schreiben, wenn ihre Grundschuld als Letztes eingetragen wurde. Aus diesem Grund sind die Banken auf die ersten Plätze im Grundbuch besonders scharf. Für erstrangige Grundschulden gibt es die besten Konditionen – damit soll der Kunde motiviert werden, möglichst gute Sicherheiten zu stellen.

Der jeweilige Rang einer Grundschuld wird aus dem Beleihungswert wie folgt errechnet: Bis zu 60 Prozent des Beleihungswertes gelten als erstrangig, der Bereich zwischen 60 und 80 Prozent wird als zweitrangiger Bereich bezeichnet. Hyothekenbanken bevorzugen erstrangig abgesicherte Darlehen, die Bausparkassen begnügen sich in der Regel mit dem zweiten Rang. Zur Ermittlung des Beleihungswertes wird üblicherweise vom aktuellen Verkehrswert – der meistens auch dem Kaufpreis entspricht – ein Risikoabschlag von 20 Prozent abgezogen.

Die Ermittlung der Grundschuldränge kann beispielsweise wie folgt aussehen:

Verkehrswert einer Wohnung:	150.000,– €
Risikoabschlag 20%:	30.000,– €
Beleihungswert:	120.000,– €
Erstrangiges Darlehen bis	72.000,– €
Zweitrangiges Darlehen bis	24.000,– €

(Der Risikoabschlag beträgt je nach Kreditinstitut 0 bis 30 Prozent, das erstrangige Darlehen 0 bis 60 Prozent, das zweitrangige Darlehen 60 bis 80 Prozent.)

TIPP

Auflösung lohnt sich meist nicht

Auch eine bereits angesparte kapitalbildende Lebensversicherung können Sie als Sicherheit in Ihre Baufinanzierung mit einbauen und der Bank den Rückkaufswert abtreten. Dabei gilt allerdings: Es lohnt sich praktisch nie, einen Lebensversicherungsvertrag vorzeitig aufzulösen, weil nach dem Abzug der Verwaltungskosten für die Versicherungsgesellschaft die Rendite viel zu gering ist. Die Bank akzeptiert Ihre Police bis zur Höhe des aktuellen Rückkaufswertes als Kreditsicherheit.

Wenn Sie Ihre Lebensversicherung in die Baufinanzierung integrieren wollen, lassen Sie sich vor der ersten Kreditverhandlung die Höhe des Rückkaufswertes mitteilen. Damit können Sie dem Berater gleich die notwendigen Daten vorlegen.

Zwischenfinanzierung kann sinnvoll sein

In manchen Fällen kann es sinnvoll sein, Sparguthaben bei der Baufinanzierung nicht zu verflüssigen, sondern noch eine Zeitlang eine Zwischenfinanzierung in Anspruch zu nehmen. Dies ist etwa bei Sparbriefen oder Festgeldern mit fixer Fälligkeit der Fall, die Sie vor Ablauf nicht kündigen können. Die Zwischenfinanzierung kann jedoch auch bei kündigungsfähigen Guthaben sinnvoll sein – nämlich dann, wenn der Guthabenzins höher ist als der Kreditzins. Diese Konstellation kann beispielsweise bei Sparguthaben mit wachsendem Zins oder bei Bundesschatzbriefen in den letzten ein bis zwei Jahren vor Endfälligkeit eintreten. Bei solchen Zwischenfinanzierungen werden üblicherweise die entsprechenden Sparkonten oder Wertpapiere an die kreditgebende Bank verpfändet.

Vergleichen, verhandeln, strategisch planen

Denken Sie daran: Bei der Baufinanzierung geht es um viel Geld – um Ihr Geld. Daher sollten Sie nicht nur bei Ihrer Hausbank nach den Konditionen fragen, sondern gleich parallel mehrere Angebote einholen. Auch wenn Sie nicht die Absicht haben, die Hausbank zu wechseln, können Sie mit günstigen Fremdofferten oft das eine oder andere Zugeständnis bei den Konditionen herausholen.

TIPP

Direktanbieter sind günstig

Holen Sie auch Angebote bei Direktbanken oder Discount-Baugeldvermittlern ein. Diese Anbieter verzichten zwar auf Beratung und stellen bei den Sicherheiten oft hohe Ansprüche, doch dafür liegen die Zinsen meist deutlich unter denen der klassischen Filialbanken und Sparkassen.

Schon beim Einholen der Angebote und auch hinterher beim Vergleich sollten Sie einige wichtige Spielregeln beachten, damit Sie die richtigen Anbieter in die engere Auswahl nehmen. Hier die Punkte, auf die es ankommt:

Gleiche Basisdaten. Die wichtigen Daten müssen identisch sein, wenn Sie aussagekräftige Angebote erhalten wollen. Dazu zählen Kaufpreis, Eigenkapital, Sicherheiten, Einkommen sowie alle weiteren persönlichen Angaben.

Zinsbindung. Wichtig ist auch, dass die Dauer der Zinsfestschreibung gleich ist. Wenn Sie nicht von vornherein wissen, ob Sie Ihr Darlehen lieber auf fünf, zehn oder 15 Jahre festschreiben, lassen Sie sich einfach verschiedene Varianten anbieten.

Anfängliche Tilgung. Weiter sollten Sie darauf achten, dass die Höhe der anfänglichen Tilgung bei allen Angeboten gleich ist. Auch hier gilt: Lieber zwei Varianten ausrechnen lassen, als Äpfel mit Birnen vergleichen zu müssen.

Sondertilgung. Auch die Modalitäten zur Sondertilgung müssen beim Vergleich mit einbezogen werden. Manche Banken verlangen einen Zinsaufschlag dafür, dass Sie jährlich 5 bis 10 Prozent der Kreditsumme außerhalb des regulären Rückzahlungsplans tilgen dürfen. Andere Banken wiederum zeigen sich kulant. Bei ansonsten gleichen Konditionen sollten Sie die Bank wählen, die sich bei Sondertilgungen flexibler zeigt.

Teilauszahlungszuschlag. Manche Banken verlangen einen Aufschlag, wenn der Kredit in mehreren Raten ausgezahlt wird – das ist beispielsweise dann der Fall, wenn Sie bei Bau oder Neubaukauf nach Baufortschritt bezahlen. Dieser Posten kann jedoch in der Kreditverhandlung meist gut eliminiert werden, denn die Institute, die diese antiquierte Gebühr noch kassieren wollen, sind eindeutig in der Minderheit.

Bereitstellungszins. Wenn Sie sich Ihr Darlehen erst einige Monate nach Vertragsabschluss auszahlen lassen, verlangt die Bank als „Wartegebühr" Bereitstellungszinsen, meist auf der Basis eines Jahreszinses von 3 Prozent. Die gebührenfrei Wartezeit liegt zwischen einem und sechs Monaten. Dieses Kriterium sollten Sie bei der Auswahl der Bank beachten, wenn Sie Ihre

Finanzierung einige Monate vor der eigentlichen Darlehensauszahlung abschließen.

Effektivzins. Beim Angebotsvergleich kommt es natürlich vor allem auf den Zinssatz an – und zwar auf den effektiven Zinssatz. Der so genannte Nominalzins ist zwar der größte Teil dessen, was Sie für den Kredit bezahlen müssen – aber er ist eben nicht alles. Bei der Ermittlung des effektiven Zinssatzes muss berücksichtigt werden,

- ob die Bank Ihre Tilgungen gleich bei Zahlungseingang oder erst einige Monate später verbucht,
- ob Abschlussgebühren verlangt werden und
- ob die Bank gleich bei der Auszahlung des Kredites einen Zinsvorschuss einbehält – das nennt man in der Fachsprache Disagio.

Da kann es schon mal vorkommen, dass bei gleichem Nominalzins der effektive Zinssatz zweier Banken ziemlich unterschiedlich sein kann. Nochmals: Für Ihre Entscheidung ist der Effektivzins ausschlaggebend.

Tilgungsplan. Damit Sie überschauen können, wie sich Ihre finanzielle Belastung entwickelt, und Sie diese bei verschiedenen Kreditinstituten vergleichen können, brauchen Sie auch einen Tilgungsplan von der anbietenden Bank.

Halten Sie wichtige Unterlagen bereit

Bevor Sie nun in die Verhandlung gehen, sollten Sie mit Fakten gut gerüstet sein. Vor der Verhandlung sollte Ihr Finanzierungsrahmen am besten schriftlich festgehalten werden. Sortieren Sie wichtige Unterlagen wie Gehalts- und Vermögensnachweise, Informationen zur in Frage kommenden Immobilie und Konkurrenzangebote so, dass Sie die Daten im Ernstfall auf einen Griff verfügbar haben.

Dann nehmen Sie das günstigste Angebot als Maßstab und klopfen – vom Zinssatz bis zu den Modalitäten bei Sondertilgungen – Schritt für Schritt sämtliche Verhandlungspunkte ab. Stellen Sie die einzelnen Punkte nacheinander zur Debatte. So haben Sie die besten Chancen, überall Zugeständnisse herauszuholen.

Lange Zinsbindung

Bei der Finanzierungsstrategie – vor allem wenn es um die Dauer der Zinsbindung geht – gelten recht einfache Regeln. Solange die Zinsen günstig sind, lohnt es sich immer, den Kredit auf zehn oder 15 Jahre festzuschreiben und sich Sondertilgungen zu sichern. Bei hohen Marktzinsen hingegen können Sie durchaus ein Viertel bis ein Drittel der Finanzierungssumme auf vier oder fünf Jahre festschreiben, den Rest auf zehn Jahre. Als Faustregel gilt: Wenn die Effektivzinsen für zehnjährige Darlehen unter sieben Prozent liegen, ist diese Finanzierungsdauer zumeist die beste Alternative.

Top-Tipps für die richtige Finanzierungsstrategie

- Machen Sie sich von vornherein klar: Der finanzielle Rahmen entspricht nicht dem Kaufpreis. Lassen Sie genügend Luft für die Kaufnebenkosten wie Notargebühren oder Grunderwerbsteuer sowie beim Kauf von Altbauten für die Renovierung.
- Gehen Sie bei der Ermittlung des möglichen Kreditrahmens Schritt für Schritt vor. Beginnen Sie bei der sorgfältigen Aufstellung Ihrer Einnahmen und Ausgaben – und lassen Sie genügend Reserve für Unvorhergesehenes.
- Überschätzen Sie bei den Eigenleistungen nicht Ihre eigene Tatkraft und die Motivation in Ihrem Freundes- und Verwandtenkreis. Ganz wichtig: Denken Sie dabei

auch an die Materialkosten und nicht nur an die eingesparten Handwerkerlöhne!

- Machen Sie sich mit der Funktionsweise von Bank-, Bauspar- und Versicherungsdarlehen vertraut, und stellen Sie anhand der bereits bestehenden Guthaben Ihren Finanzierungsmix zusammen. Ganz wichtig: Neuabschlüsse von Bauspar- und Lebensversicherungsverträgen zum Zeitpunkt der Finanzierung machen meist keinen Sinn!
- Ermitteln Sie aus dem Verhältnis von Eigenkapital zu möglicher Kreditsumme die Sicherheiten, die Sie der finanzierenden Bank zur Verfügung stellen können. Beachten Sie dabei, dass die Bank meist einen Bewertungsabschlag vornimmt.
- Sorgen Sie dafür, dass Sie ausschließlich Kreditangebote erhalten, die Sie direkt und ohne Verzerrung miteinander vergleichen können. Nehmen Sie in der Kreditverhandlung das günstigste Angebot als Maßstab, und denken Sie daran: Bei 200.000 Euro Finanzierungssumme und zehn Jahren Zinsbindung verkörpert jedes herausgehandelte Zehntelprozent eine Zinsersparnis von insgesamt fast 2.000 Euro!

5 Was Sie vom Staat erwarten können

Angesichts der immensen finanziellen Belastung beim Immobilienerwerb sollten Sie jede Gelegenheit nutzen, wenn es darum geht, die Schuldenlast zu senken oder die Einnahmen zu verbessern. Vor allem für Familien und für ökologisch orientierte Bauherren bietet der Fiskus finanzielle Hilfe. Je nach Fördervariante handelt es sich dabei um nicht rückzahlbare Zuschüsse oder um zinsverbilligte Darlehen öffentlicher Banken.

Die Eigenheimzulage

Wenn Sie Besitzer eines Hauses oder einer Eigentumswohnung sind und selbst darin wohnen, können Sie nach dem Eigenheimzulagegesetz (EigZulG) die staatliche Eigenheimzulage in Anspruch nehmen. Doch schon bei diesem grundlegenden Anspruch gibt es eine Einschränkung: Wenn Ihr Einkommen zu hoch ist, können Sie nämlich den Anspruch auf die staatliche Förderung verlieren. Eigenheimzulage gibt es nur, wenn der Gesamtbetrag der positiven Einkünfte im Jahr des Erwerbs und im Vorjahr bei Ledigen nicht mehr als insgesamt 70.000 Euro und bei Verheirateten nicht mehr als insgesamt 140.000 Euro beträgt. Pro Kind dürfen 30.000 Euro mehr verdient werden.

Einkommensgrenzen

Das liest sich zunächst großzügig – doch die Zahlen beziehen sich auf den Zweijahreszeitraum. Betragen beispielsweise die Einkünfte eines doppelverdienenden Ehepaares ohne Kinder im ersten Jahr 68.000 Euro und im zweiten Jahr 74.000 Euro, haben die Ehepartner keinen Anspruch auf Eigenheimzulage.

Dazu kommt, dass als Basis für die Berechnung die Summe der positiven Einkünfte dient und nicht das zu versteuernde Einkommen. Wenn Sie beispielsweise einen Verlust aus selbstständiger Tätigkeit erwirtschaftet haben, dürfen Sie diesen nicht mit anderen positiven Einkünften verrechnen. Auch ansonsten steuermindernde Unterhaltszahlungen, Kinderfreibeträge und -betreuungskosten oder Spenden an gemeinnützige Organisationen bleiben außen vor.

TIPP

Nachträglicher Antrag

Im Gesetz ist klar geregelt: Wenn während des achtjährigen Förderungszeitraums das Einkommen unter die Grenze sinkt, können Sie für die restlichen Jahre die verbleibende Eigenheimzulage beanspruchen. Falls zum Zeitpunkt des Erwerbs Ihr Einkommen oberhalb der Grenze lag, sollten Sie unbedingt in jedem der folgenden acht Jahre prüfen, ob Sie die Zulage nachträglich beantragen können. Dies kann etwa dann der Fall sein, wenn durch die Geburt eines Kindes ein Einkommen wegfällt und sich gleichzeitig die Grenze nach oben verschiebt. Stellen Sie dann am besten sofort bei Ihrem Finanzamt einen Antrag auf Eigenheimzulage.

Ab Jahresanfang 2004 wurden die Förderbeträge drastisch reduziert. Seitdem gelten für den Erwerb von Alt- und Neubauten dieselben Höchstsätze bei der Eigenheimzulage. Acht Jahre lang gibt es jährlich 1 Prozent der Bau- oder Kaufsumme, maximal jedoch 1.250 Euro Grundzulage (maximal 1 Prozent der Bemessungsgrundlage von 125.000 Euro). Pro Kind gibt es nochmals 800 Euro Kinderzulage. Aus- und Umbauten werden nicht mehr gefördert.

Direkte Überweisung

Die Eigenheim- und Kinderzulage wird übrigens nicht im Rahmen der Werbungskosten oder Sonderausgaben als steuermindernder Bestandteil Ihrer Steuererklärung betrachtet, sondern direkt Jahr für Jahr – jeweils im März – auf Ihr Konto überwiesen. Das bedeutet: Wenn Sie bauen und zwei Kinder haben, können Sie für die nächsten acht Jahre mit einer Förderung von jeweils 2.850 Euro rechnen.

Wenn es sich nicht um Ihren ersten Immobilienerwerb handelt, müssen Sie auf den so genannten „Objektverbrauch" aufpassen. Demzufolge darf die Eigenheimförderung pro Person nur ein einziges Mal im Leben in Anspruch genommen werden. Wenn Sie verheiratet sind, kann die Zulage einmal von Ihnen und einmal von Ihrem Ehepartner genutzt werden. Dann ist Ihr Recht auf die Zulage „verbraucht". Auch frühere Förderformen, wie zum Beispiel nach § 7b oder § 10e Einkommensteuergesetz (EStG) werden beim Objektverbrauch angerechnet.

Silvesterfalle!

Aufpassen müssen Sie auch auf die „Silvesterfalle", die Sie im schlimmsten Fall mehrere tausend Euro kosten kann. Das Eigenheimzulage-Gesetz schreibt nämlich vor, dass der achtjährige Förderzeitraum im Jahr des Kaufs bzw. der Fertigstellung beginnt, die erste Förderrate jedoch erst im Jahr des Bezugs gezahlt wird. Wird im ersten Jahr des Förderzeitraums keine Zulage gezahlt, weil die Wohnung noch nicht bezogen ist, verlängert sich der Förderzeitraum nicht.

Beim Kauf Ihres Eigenheims sind Sie auf jeden Fall auf der sicheren Seite, wenn sowohl der Kauf als auch der tatsächliche Bezug im selben Kalenderjahr erfolgen. Beim Bau eines Hauses sollte der Bezug im Jahr der Fertigstellung erfolgen.

Verschenkte Zulage

Falls Sie erst im Folgejahr in Ihr Haus oder Ihre Wohnung ziehen, haben Sie im Jahr der Anschaffung keinen Anspruch auf Eigenheimzulage, weil Sie noch nicht in Ihrer neuen Immobilie wohnen. Damit verkürzt sich die Förderungsdauer von acht auf sieben Jahre, und in diesem Fall würden Sie dem Staat ein Jahr lang Grund- und Kinderzulage schenken.

Auch wenn der notarielle Kaufvertrag noch im alten Jahr geschlossen wird und der Bezug der Wohnung erst im nächsten Jahr erfolgt, geht Ihnen nicht zwangsläufig ein Förderjahr verloren. Voraussetzung ist allerdings, dass im Notarvertrag der Eigentumsübergang auf das neue Jahr datiert wird.

Dazu ein Beispiel: Sie schließen mit dem Verkäufer am 28. Dezember 2004 den notariellen Kaufvertrag und halten darin fest, dass das Eigentum am 15. Januar 2005 übergeben wird. Dann können Sie auch erst im März oder April einziehen, ohne den Verlust eines Förderjahres zu riskieren.

TIPP

Extra-Kredit für Zulage

Mit Hilfe der Eigenheimzulage können Sie auch bei der Finanzierung Zinsen sparen – nämlich durch die Auslagerung des Anspruchs auf Eigenheimzulage auf ein Extra-Darlehen. Bei diesem Finanzierungsmodell wird in Höhe der Eigenheimzulage ein gesondertes Darlehen mit einer Gesamtlaufzeit von acht Jahren abgeschlossen. Der Vertrag sollte so gestaltet sein, dass eine feste Zins- und Tilgungsrate pro Jahr exakt dann fällig ist, wenn die Eigenheimzulage ausgezahlt wird. Die Darlehenshöhe wird meist so ausgelegt, dass mit der letzten Zahlung aus der Eigenheimzulage der Kredit vollständig beglichen wird.

Ihr Vorteil dabei: Wegen der kürzeren Gesamtlaufzeit und der schnelleren Tilgung können mit den Banken Zinssätze ausgehandelt werden, die oft einen halben Prozentpunkt unter denen eines 15-jährigen Darlehens liegen – und das reduziert über die gesamte Finanzierungsdauer bei einer vierköpfigen Familie den Zinsaufwand nochmals um bis zu 500 Euro.

Zinsgünstige KfW-Kredite

Verbilligte Zinsen

Über die bundeseigene Kreditanstalt für Wiederaufbau (KfW) bietet der Bund eine breite Palette an Krediten für Häuslebauer an. Je nach Kreditprogramm sind die Zinsen in unterschiedlichem Umfang subventioniert, so dass bei günstiger Konstellation die monatliche Belastung im Vergleich zur herkömmlichen Finanzierung deutlich reduziert werden kann. Anhand der nachfolgenden Kurzbeschreibungen können Sie sondieren, welche KfW-Kredite für Sie in Frage kommen können.

Wohneigentumsprogramm

Dieses Programm verkörpert den klassischen KfW-Kredit für Bauherren und Immobilienkäufer. In Anspruch genommen werden kann dieses Darlehen von allen Privatpersonen – unabhängig von Alter, Familienstand und Einkommen. Voraussetzung ist, dass damit der Bau oder Erwerb eines selbst genutzten Eigenheims finanziert wird. Umschuldungen, Nachfinanzierungen oder die Finanzierung vermieteter Immobilien sind nicht möglich. Finanziert werden bis zu 30 Prozent der Gesamtkosten, maximal jedoch 100.000 Euro. Die Zinsbindung liegt je nach Variante bei fünf oder zehn Jahren, Sondertilgungen sind nicht möglich. Das Darlehen ist im ersten Jahr zwingend tilgungsfrei. Es können maximal fünf tilgungsfreie Anlaufjahre vereinbart werden. Die Konditionen sind mit denen von günstigen Direktbanken vergleichbar, daher sollte von diesem Kredit keine allzu große finanzielle Entlastung erwartet werden. Einen Vorteil bietet die KfW jedoch: Die Absicherung des Darlehens ist ohne Zinsaufschlag mit einer zweitrangigen Grundschuld möglich.

Programm zur CO_2-Minderung

Deutschland hat sich verpflichtet, die Emission an Kohlendioxid zu senken. Um dieses Vorhaben umzusetzen, bietet die KfW für Bauherren und Hauseigentümer zinsverbilligte Kredite für die Umsetzung von Energiesparmaßnahmen an. Bei der Sanierung fallen darunter Maßnahmen wie die Verbesserung des Wärmeschutzes oder die Umstellung der Heizung auf besonders energieeffiziente Systeme. Dazu zählt auch die Installation von Wärmepumpen, thermischen Solaranlagen oder Photovoltaikanlagen. Der Bau

Energiesparen wird belohnt

von so genannten „Energiesparhäusern 60“ kann über dieses Programm ebenfalls mitfinanziert werden. Diese Häuser müssen besonders wenig Energie verbrauchen; der Höchstwert der Energieeinsparverordnung muss um mindestens 30 Prozent unterschritten werden. Bei Sanierungsmaßnahmen können die gesamten Kosten, die für förderfähige Investitionen anfallen, finanziert werden. Die Mitfinanzierung von „Energiesparhäusern 60“ ist bis zu einem Betrag von 30.000 Euro möglich. Das Darlehen hat zwingend ein bis maximal drei tilgungsfreie Anlaufjahre. Die Laufzeit beträgt bis zu 20 Jahre. Sondertilgungen sind möglich. Der Effektivzins für diesen Kredit liegt etwa einen Prozentpunkt unter demjenigen von günstigen Banken.

CO_2-Gebäudesanierungsprogramm

Diese Variante hat das gleiche Ziel wie das Programm zur CO_2-Minderung, ist jedoch mit verschärften Auflagen verbunden. Sanierungsaufwendungen werden nur im Rahmen von bestimmten Maßnahmenpaketen gefördert, die zu einem besonders hohen Maß an Energieeinsparung führen. Bei Neubauten fällt die Mitfinanzierung von „Energiesparhäusern 40“ in diese Rubrik. Diese Häuser müssen die Grenzwerte der Energieeinsparverordnung um mindestens 45 Prozent unterschreiten oder als Passivhaus zertifiziert sein. Je nach Maßnahmenpaket liegt der Höchstbetrag bei 80 bis 250 Euro pro Quadradmeter Wohnfläche, bei der Neubaufinanzierung beträgt die Obergrenze 50.000 Euro. Lohn für die Mühe des Bauherren: Der Zins liegt um bis zu drei Prozentpunkte unter dem üblichen Marktzins. Sondertilgungen sind möglich, ebenso ein bis drei tilgungsfreie Anlaufjahre.

Limit bei Kreditsumme

Wohnraum-Modernisierungsprogramm

Um die schwächelnde Baukonjunktur anzukurbeln, hat die Bundesregierung im Jahr 2003 ein Förderkreditprogramm für die

Modernisierung von Häusern und Wohnungen ins Leben gerufen. Ob Schallschutzverbesserung, Heizungs- oder Fenstererneuerung, Neugestaltung der Fassade oder Renovierung der Sanitärinstallationen: Über diesen Kredit mit einer Laufzeit von 20 Jahren kann eine breite Palette von Renovierungsmaßnahmen finanziert werden. Auch Dachgeschoss-Ausbau, Aufstockung und Anbau fallen darunter, sofern keine abgeschlossene Wohnung geschaffen und die bestehende Wohnfläche um maximal 20 Prozent erweitert wird. Der Höchstbetrag für den Kredit liegt bei 250 Euro pro Quadratmeter Wohnfläche. Ihr Zinsvorteil beträgt im Vergleich zur herkömmlichen Bankfinanzierung etwa einen halben Prozentpunkt. Sondertilgungen sind möglich, ebenso ein bis fünf tilgungsfreie Anlaufjahre.

Wenn Sie sich zu spät über die KfW-Fördermöglichkeiten informieren, können Sie unter Umständen Ihren Anspruch auf Förderung verlieren. Denn die Anträge müssen stets vor Beginn der entsprechenden Maßnahme gestellt werden, nachträgliche Finanzierungen oder Umschuldungen werden nicht genehmigt.

Antrag über Hausbank

Die Förderkredite werden nicht direkt bei der KfW, sondern bei der Hausbank beantragt, die den Finanzierungswunsch dann an das staatliche Institut weitervermittelt. Doch dort hapert es oft an Beratungskompetenz, wie die Stiftung Warentest in einer Testreihe zur Beratungsqualität bei der Baufinanzierung festgestellt hat. „Nicht einmal jeder zweite Berater baute ein KfW-Förderdarlehen in das Finanzierungsmodell ein", bemängelte das Testinstitut in der Zeitschrift Finanztest.

Verlassen Sie sich nicht auf den Bankberater, sondern informieren Sie sich frühzeitig in Eigenregie. Auch wenn die KfW die Kreditverträge über die Banken abwickelt, gibt sie Auskunft über die Fördermöglichkeiten und -bedingungen. Ausführliche Informationen und Merkblätter finden Sie im Internet unter www.kfw.de, telefonische Auskünfte erhalten Sie unter der Nummer 0 18 01/ 33 55 77.

Weitere Fördermöglichkeiten

Als bundesweit agierende Anlaufstelle für Fördermittel steht neben der KfW das Bundesamt für Wirtschaft und Ausfuhrkontrolle (BAFA) zur Verfügung. Hier wird die Subventionierung der erneuerbaren Energieträger gebündelt. Diese erfolgt nicht wie bei der KfW in Form von zinsverbilligten Darlehen, sondern als nicht rückzahlbarer Zuschuss.

Direkte Zuschüsse

Interessant für Sie als Bauherr ist in erster Linie die Förderung von Solaranlagen und Biomasse-Heizungen. Bei thermischen Solaranlagen erhalten Sie pro angefangenem Quadratmeter installierter Fläche einen Zuschuss von 110 Euro. Bei der Förderung von Biomasse-Heizungen werden auch Zentralheizungen berücksichtigt, die mit Holzpellets befeuert werden. Dies sind kleine Scheibchen aus gepresstem Holzmehl, die automatisch über eine Förderanlage vom Vorratssilo in die selbstzündende Heizung transportiert werden, so dass Sie im Vergleich zum Öl- oder Gasbrenner keinen höheren Arbeitsaufwand beim Betrieb haben. Pellet-Brenner mit hohem Wirkungsgrad werden vom BAFA mit 60 Euro pro Kilowatt, mindestens jedoch 1.700 Euro bezuschusst.

Informationen und Antragsformulare erhalten Sie direkt über das BAFA. Die Adresse finden Sie im Anhang auf Seite 220.

Insbesondere für Familien mit Kindern gibt es auch zinsverbilligte Kredite, wobei Kreditinstitute und Förderkriterien je nach Bundesland variieren können. Auch diese Kredite werden in aller Regel über die Hausbank durchgeleitet und müssen *vor* dem Abschluss des notariellen Kaufvertrags beantragt werden. Information und Beratung erfolgt zumeist über die Stadt- oder Landkreisverwaltungen.

Der Verbraucherzentrale Bundesverband hat gemeinsam mit der KfW unter www.baufoerderer.de eine Internetplattform eingerichtet, auf der Sie sich sowohl über bundesweite wie auch über länderspezifische Fördermittel beim Bauen informieren können. Mit diesen Informationen können Sie das Risiko minimieren, dass der Bankmitarbeiter im Beratungsgespräch den Hinweis auf wichtige Fördermöglichkeiten vergisst.

Top-Tipps für das, was Sie vom Staat erwarten können

- Prüfen Sie die Zusammensetzung Ihres Einkommens, wenn es um die Eigenheimzulage geht – auch dann, wenn Sie wegen Überschreiten der Grenze erst später die Zulage beantragen können.
- Vermeiden Sie die Silvesterfalle, damit Ihnen bei der Eigenheimzulage nicht ein Jahr Förderung verloren geht.
- Finanzieren Sie die Eigenheimzulage mit einem passgenauen Extra-Kredit, um Zinsen zu sparen.
- Informieren Sie sich rechtzeitig über bundesweite und regionale Fördermittel, denn eine nachträgliche Antragstellung oder die spätere Umschuldung auf zinsgünstige Förderkredite ist meist nicht möglich.
- In verschiedenen Bundesländern bieten die Verbraucherzentralen Beratungen zur Baufinanzierung an (siehe Anhang Seite 220 f.). Rund um das Thema „Baufinanzierung" informiert der gleichnamige Ratgeber, den es bei allen Verbraucherzentralen gibt. Zahlreiche Informationen bietet auch die Stiftung Warentest im Internet unter www.finanztest.de.

6 Bauen oder kaufen, Wohnung oder Haus?

Wer nicht genau weiß, was er will, kann dies in vielen Lebensbereichen durch Herumprobieren nach dem Motto „Versuch und Irrtum" herausfinden. Das mag in so mancher Geschmacks- oder Modefrage ganz passabel funktionieren – aber wenn es um den Immobilienkauf geht, wäre diese Herangehensweise fatal.

Hier haben Sie nur in sehr eingeschränktem Maß die Möglichkeit, eine Fehlentscheidungen hinterher wieder zu korrigieren. So mancher Bauherr musste schon bittere Lektionen lernen, weil seine Vorstellungen und die Realität in keiner Weise zusammengepasst haben. Dann wurde der rustikale Altbau zur ewigen Baustelle, die Dachgeschosswohnung zur beengten Behausung mit täglichem Treppenmarathon oder der in Eigenregie organisierte Neubau finanziell zum Fass ohne Boden.

Frühzeitige Planung

Dass muss nicht sein. Die wirksamste Methode, ein Fiasko von vornherein zu verhindern, besteht darin, sich frühzeitig Gedanken über seine Wünsche und Vorlieben zu machen. Dabei kann es Ihnen allerdings passieren, dass Ihre Vorstellungen nicht mit der Realität zu vereinbaren sind – zum Beispiel dann, wenn der Traum vom frei stehenden Neubauhaus schlichtweg nicht finanzierbar ist. In solchen Fällen müssen Sie mit Ihrer Gedankenarbeit in die zweite Runde gehen und einen Kompromiss finden, mit dem Sie leben können und mit dessen Realisierung Sie sich finanziell nicht ruinieren.

Vorstellungen und Wünsche haben die Eigenschaft, allzu oft diffus und nicht so leicht in Worte fassbar zu sein. Am einfachsten bekommen Sie eine Struktur in Ihre Planung, wenn Sie versuchen, für sich die folgenden Fragen ehrlich und konkret zu beantworten.

Die Geldfrage

Vergleichen Sie Preise

Bauen oder kaufen, Wohnung oder Haus – diese Entscheidung wird ganz maßgeblich von Ihrem Geldbeutel mit beeinflusst. Am besten zu finanzieren ist eine gebrauchte Wohnung, die Neubauwohnung kommt bereits deutlich teurer. Auf der nächsten Preisebene folgen Reihenhäuser, dann kommen Reiheneckhäuser und Doppelhaushälften. Die Krönung, auch in finanzieller Hinsicht, stellt natürlich das frei stehende Einfamilienhaus dar. Blättern Sie einfach einmal den Immobilienteil Ihrer Tageszeitung durch, notieren Sie sich die Preise und gleichen die unterschiedlichen Immobilientypen mit Ihrem finanziellen Rahmen ab. Oder gehen Sie umgekehrt vor, indem Sie ausgehend von Ihren Finanzierungsmöglichkeiten – am besten ohne weitere Vorauswahl – einmal alle Immobilien markieren, die überhaupt für Sie finanzierbar sind.

Die Platzfrage

Je mehr Platz Sie benötigen – nicht nur für Ihre Familie, sondern eventuell auch in Form von Arbeitszimmern –, desto eher kommt ein Haus für Sie in Frage. Wohnungen sind meist bis zu einer Größe von gut 100 Quadratmetern am Markt gängig. Wenn Sie damit gut auskommen, werden Sie sich in einer großzügig geschnittenen Wohnung kaum beengt fühlen. Liegt Ihr Platzbedarf jedoch von vornherein deutlich darüber, kann eigentlich nur ein Haus Ihre Bedürfnisse befriedigen. Allerdings müssen Sie dabei ganz nüchtern und realistisch klären, ob Sie die damit verbundene hohe finanzielle Belastung auch tragen können.

Die Familienfrage

Diese Frage stellt sich vor allem dann für Sie, wenn Sie noch am Beginn Ihrer Lebens- und Familienplanung stehen. Wenn Sie bereits im fortgeschrittenen Alter sind und Ihre Kinder flügge werden, weist Ihr Raumbedarf eine eher sinkende Tendenz auf –

statt zwei oder drei Kinderzimmern genügt dann schon in naher Zukunft ein Gästezimmer.

Umgekehrt ist die Situation hingegen bei jungen Paaren und Familien. Der Raumbedarf steigt nicht nur mit der Anzahl der Kinder. Auch wenn die Kinder älter werden, brauchen Sie im Lauf der Zeit immer mehr Platz. Während ein kleines Acht-Quadrat-Meter-Zimmer für ein Kleinkind noch völlig ausreicht, wird es dem Bedarf eines Jugendlichen möglicherweise nicht mehr gerecht. Hier spielt eine Vielzahl von Faktoren eine Rolle – so etwa auch die Frage, welche Konsumhaltung Sie in Ihrer Erziehung vermitteln wollen oder was Sie Ihren Kindern künftig „bieten" möchten. Für diese Probleme gibt es keine Standardlösung. Gleichwohl tun Sie gut daran, solche Überlegungen in Ihr Kalkül mit einzubeziehen.

Die Stadt-oder-Land-Frage

Auch hier geht es darum, ob am Ende für Sie eher eine Wohnung oder ein Haus in Frage kommt. Wenn Sie als Stadtmensch auf die vielfältigen Angebote einer Großstadt nicht verzichten und möglichst zentrumsnah wohnen wollen, dürfte ein Haus für Sie nur in Ausnahmefällen erschwinglich sein. Als Landmensch entscheiden Sie sich dagegen bewusst für das Leben außerhalb des urbanen Trubels, möglicherweise sogar in der „tiefsten Provinz". Hier sind die Grundstückspreise meist recht günstig, und ein Haus ist besser finanzierbar als im Ballungsraum einer Großstadt. Dafür wird mit dem Leben auf dem Land die Sicherung der eigenen Mobilität problematischer und wahrscheinlich auch teurer. Die Entscheidung für das Stadt- oder Landleben wird jedoch oft nicht ganz freiwillig getroffen – denn die Nähe zum Arbeitsplatz ist hier ein wichtiger Entscheidungsfaktor. Wenn Sie auf einen Arbeitsplatz in der Stadt angewiesen sind, bleiben Ihnen als Alternativen nur die Entscheidung für eine Stadtwohnung oder das zeitraubende und kostenintensive Pen-

Landleben ist günstiger

deln. Oft gibt es allerdings auch Kompromisslösungen – so etwa ein Reihenhaus mit guter Verkehrsanbindung am Rande des Ballungsgebietes.

Die Wohnumfeldfrage

Die Erfahrung hat immer wieder gezeigt, dass sich Menschen oft dort am wohlsten fühlen, wo sie ein vertrautes Umfeld und ähnliche Interessen vorfinden. So kann es für Familien mit kleinen Kindern möglicherweise problematisch werden, wenn sie in eine Wohngegend ziehen, wo nur wenige Kinder wohnen und man sehr auf Ruhe bedacht ist. Umgekehrt wird es für Ruhe suchende ältere Menschen oft schnell zur Belastung, wenn sich direkt neben dem Haus ein gut frequentierter Spielplatz befindet und die Straße jeden Nachmittag zum improvisierten Fußballplatz umfunktioniert wird. Erkundigen Sie sich daher auch nach dem Wohnumfeld und den dortigen Gepflogenheiten (siehe dazu auch Seite 88 ff.).

Die Gartenfrage

Nicht nur das Innere des Eigenheims, sondern auch die Umgebung spielt für viele Menschen eine wichtige Rolle. Vor allem Familien legen oft Wert darauf, dass auch im Garten genügend Platz für die Kinder vorhanden ist. Gerade in belebten Wohnvierteln mit wenig öffentlichen Spielplätzen oder Parks kann der eigene Garten eine Oase der Ruhe und Erholung sein. Andere wiederum finden einen wichtigen Ausgleich zum täglichen Arbeitsstress darin, im Garten mit viel Hingabe Blumen oder Gemüse zu ziehen. Anderseits kann auch die genau entgegengesetzte Ansicht für eine Entscheidung ausschlaggebend sein. Wem Unkraut jäten, Rasen mähen oder andere Gartenarbeiten ein Gräuel sind, der wird im Landhaus mit großem Garten wohl kaum glücklich. Auch hier gibt es Zwischenlösungen wie das Reihenhaus mit kleinem,

Liegt Ihnen Gartenarbeit?

aber feinem Gärtchen oder die Erdgeschosswohnung mit großzügigem Gartenanteil. Für manche Wohnungseigentümer bietet auch ein Schrebergarten oder ein Gartengrundstück am Stadtrand die Möglichkeit, abseits von der eigenen Wohnung ein Stück Natur zu hegen. Auch die Zusammenlegung von einzelnen benachbarten Gartenstücken kann bei guter Nachbarschaftspflege eine Möglichkeit sein.

Die Haustierfrage

In manchen Wohnungen ist es nicht möglich, größere Haustiere zu halten. Nicht nur Mieter, sondern auch Wohnungseigentümer müssen sich an die Hausordnung der Eigentümergemeinschaft halten. Wenn dort beschlossen wird, dass beispielsweise die Haltung von Hunden in den Wohnungen nicht erlaubt ist, kann der einzelne Eigentümer wenig dagegen ausrichten. Die Haltung von kleinen Haustieren wie Vögeln, Hamstern oder Zwerghasen ist in der Eigentumswohnung meist unproblematisch. Geht es jedoch um Hunde, kann es für deren Besitzer schnell schwierig werden. Als Alternative zum Haus bleiben dann nur Wohnungen, in denen laut Hausordnung die Haustierhaltung ausdrücklich erlaubt ist.

Wohnungen sind oft problematisch

Die Selbstbestimmungsfrage

Nicht nur bei der Haltung von Haustieren, sondern auch in anderen Angelegenheiten müssen sich Besitzer von Eigentumswohnungen an die von der Eigentümergemeinschaft aufgestellten Regeln halten. Während Sie bei der Gestaltung der Innenräume Ihren persönlichen Geschmack ohne Einschränkungen verwirklichen können, können Sie bei den von außen sichtbaren Bestandteilen Ihrer Wohnung nicht nach Belieben schalten und walten. Ob Gestaltung des Balkongeländers, Farbe der Fensterrahmen oder Wohnungseingangstür: Sie müssen sich an den Rahmen halten, den die Eigentümergemeinschaft vorgibt. Auch bei

Außenanlagen, Gemeinschaftsräumen oder bei der Fassade muss stets der Konsens aller Miteigentümer gefunden werden. Daher kann eine Eigentumswohnung vor allem für ausgeprägte Individualisten oft Probleme oder gar Ärger mit sich bringen. Mehr Spielraum als in großen Wohnblocks gibt es in der Regel bei Mehrfamilienhäusern mit nur wenigen Wohneinheiten, wo sich viele Kompromisse auf dem „kleinen Dienstweg" erzielen lassen.

Die Frage nach dem laufenden Aufwand

Häuser brauchen Pflege

Wie viel Zeit und Energie wollen Sie in Ihr Eigenheim investieren – nicht nur bei Bau oder Modernisierung, sondern auch beim laufenden Unterhalt? Der eine schätzt den Hausmeisterservice und die Tatsache, dass größere Renovierungsarbeiten bei Mehrfamilienhäusern von der Hausverwaltung organisiert werden. Im Gegenzug ist er bereit, für diese Leistungen einen angemessenen Preis in Form der Verwaltungsgebühr zu bezahlen. Der andere nimmt die Dinge lieber selbst in die Hand und hält die Bausubstanz seines Hauses in Eigenregie in Ordnung. Dann gibt es begabte und begeisterte Heimwerker, die nichts lieber tun, als an den Wochenenden an ihrem Altbau herumzubasteln. Klar ist: Ein Haus erfordert bei kontinuierlicher Pflege der Bausubstanz einen deutlich höheren Aufwand als eine Eigentumswohnung. Auch zwischen Neu- und Altbau bestehen große Unterschiede: Wenn Sie neu bauen, können Sie davon ausgehen, dass die nächsten zehn Jahre nicht viel Arbeit zu erwarten ist. Beim Kauf eines älteren Hauses können hingegen schon nach wenigen Jahren größere Renovierungsarbeiten wie Austausch der Fenster, Streichen der Fassade oder Erneuerung der Heizung anfallen. Das kostet Zeit und Geld – deshalb sollten Sie diesen Folgeaufwand beim Kauf eines Altbaus mit berücksichtigen.

Die Altersfrage

Der Kauf oder Bau eines Eigenheims ist eine langfristige Investition. Deshalb tun Sie gut daran zu überlegen, wie Ihr Leben in zehn oder 20 Jahren aussehen soll. Dabei müssen Sie noch gar nicht an Gebrechlichkeit oder Pflegebedürftigkeit denken. Tatsache ist aber, dass es Dinge gibt, die Menschen ab einem gewissen Alter Mühe machen können. Für den einen ist die Wohnung im dritten Stock im Alter von 70 Jahren eine eher sportliche Herausforderung, der andere hat in diesem Alter vielleicht Probleme mit dem Knie und damit auch mit dem Treppensteigen. Auch ein großer Garten oder das Wohnen auf zwei oder drei Stockwerken kann im Lauf der Zeit zu einem Belastungsfaktor werden. Auch die Familie spielt hier eine Rolle: Möchten Sie in der Wohnung auch noch als Paar weiter wohnen, wenn die Kinder aus dem Haus sind? Oder möchten Sie die nicht mehr selbstständig wohnenden Eltern zu sich nehmen?

Die Frage des handwerklichen Geschicks

Wenn es um die handwerklichen und organisatorischen Talente geht, können die Anforderungen sehr unterschiedlich ausfallen, je nachdem, ob Sie einen Neu- oder Altbau erwerben.

Belastungsfaktor Eigenleistung

Beginnen wir beim Neubau: Hier stehen Ihnen alle Möglichkeiten offen – vom schlüsselfertig übergebenen Eigenheim bis zum fast ausschließlich in Eigenleistung gebauten Haus. Welche Anforderungen im konkreten Einzelfall auf Sie zukommen können, erfahren Sie in den nachfolgenden Kapiteln. Doch sollten Sie sich von vornherein darüber im Klaren sein, wie viel Eigenleistung – sowohl in handwerklicher wie auch in organisatorischer Hinsicht – Sie einbringen können. Eigenleistungen in größerem Umfang oder die Organisation der Handwerkerleistungen beim Hausbau in Eigenregie sollten Sie sich nur zumuten, wenn Sie sicher sind, dass Sie dem Ganzen auch gewachsen sind. Die Belastung für die Familie kann gravierend sein, wenn Sie die Wochenenden auf der Baustelle verbringen müssen.

Beim Altbau kommt es entscheidend auf den Zustand der Bausubstanz an. Ein 30 Jahre altes Haus, das ständig instand gehalten und erst vor kurzem mit neuen Fenstern ausgestattet wurde, macht bei der Renovierung vergleichsweise wenig Aufwand. Meist ist es mit neuen Tapeten und Bodenbelägen getan, und schon können Sie einziehen. Wenn Sie jedoch ein altes Haus von Grund auf sanieren müssen, ist der zeitliche, körperliche und finanzielle Aufwand enorm. Im Vergleich zum schlüsselfertigen Neubau ist diese Lösung oft nur deshalb billiger, weil ein ganzes Heer unentgeltlich arbeitender Helfer den Bauherren tatkräftig unterstützt. Würden Sie einen Altbau schlüsselfertig von einem Handwerkerteam renovieren lassen, würden die Kosten für Kauf und Sanierung wahrscheinlich nicht niedriger liegen als für einen Neubau!

So konkretisieren Sie Ihre Entscheidung

TIPP

Bringen Sie Ihre Wünsche auf Papier

Dieser Fragenkatalog mitsamt seinen Anregungen soll Ihnen dabei helfen, Ihre Vorstellungen beim Immobilienerwerb zu konkretisieren. Machen Sie sich über die unterschiedlichen Aspekte in einer stillen Stunde Gedanken. Oft hilft es auch, das Ergebnis zu Papier zu bringen. Lassen Sie Ihre Notizen dann ein paar Tage liegen und nehmen Sie sie dann wieder zur Hand um zu prüfen, ob das alles für Sie so noch stimmt.

Zumindest in groben Zügen kann Ihnen die nachfolgende Fragenliste helfen herauszufinden, ob Sie eher der Typ für selbst bauen, schlüsselfertig kaufen, für eine Wohnung oder ein Haus sind. Kreisen Sie bei den Antworten die dazugehörigen Ja- oder Nein-Felder ein, und am Ende sehen Sie, in welcher Spalte Ihre Zustimmung am häufigsten auftaucht.

Zehn Fragen zur Entscheidungshilfe: Welcher Eigenheimtyp sind Sie?

	Wohnung	Haus	schlüssel-fertig / gut erhalten	selbst bauen / renovieren
Verfügen Sie über ein hohes Einkommen und vergleichsweise viel Eigenkapital?	Nein	Ja	Ja	Nein
Benötigen Sie deutlich mehr als 100 Quadratmeter Wohnfläche?	Nein	Ja		
Gehen Sie davon aus, dass Ihre Familie künftig eher mehr Wohnraum benötigt als heute?	Nein	Ja		
Legen Sie Wert darauf, möglichst nahe am Stadtzentrum zu wohnen?	Ja	Nein		
Ist ein Garten für Sie wichtig?	Nein	Ja		
Haben Sie ein größeres Haustier?	Nein	Ja		
Ist es für Sie sehr wichtig, möglichst vieles an Ihrem Eigenheim individuell gestalten zu können?	Nein	Ja	Nein	Ja
Sind Sie bereit, auch nach Abschluss eventueller Renovierungen laufend Arbeit in Ihr Eigenheim zu stecken?	Nein	Ja	Nein	Ja
Sind Sie älter als 50 Jahre?	Ja	Nein	Ja	Nein
Haben Sie handwerkliches Geschick und einige verlässliche Helfer, um auch in größerem Umfang am Bau selbst mit anzupacken?	Nein	Ja	Nein	Ja

Top-Tipps

- Sprechen Sie über Ihre Wünsche und Vorstellungen im Familien- und Freundeskreis – auf diese Weise erhalten Sie auch nützliche Hinweise und Anregungen. Diskutieren Sie die Wohnwünsche der einzelnen Familienmitglieder und ggf. auch der eigenen Eltern, wenn diese mit einziehen sollen.
- Wenn sich Ihre Vorstellungen nicht mit Ihren finanziellen Mitteln decken, müssen Sie Kompromisse eingehen. Überlegen Sie schon frühzeitig, worauf Sie unter Umständen verzichten können und was Ihnen wirklich wichtig ist.

7 Bauen ohne Grauen – der Neubau

Kaum ein Haus wird gebaut, bei dem alles problemlos vonstatten geht. Ganz sicher soll an dieser Stelle keine Schwarzmalerei veranstaltet werden, und die Bauherren, denen der Bau den letzten Nerv geraubt hat, sind glücklicherweise in der Minderheit. Auf der anderen Seite sollten Sie sich auch nicht die Illusion machen, dass nach der Lektüre dieses Kapitels Ihr Bauvorhaben in perfekter Weise vonstatten geht.

„Bauen ohne Grauen" soll bedeuten: Viele Probleme am Bau können von vornherein vermieden werden, wenn man die richtige Auswahl trifft und klare Vereinbarungen schwarz auf weiß festhält. Von den restlichen Problemen wiederum lässt sich der größte Teil mit der passenden Mischung aus Durchsetzungsvermögen und gutem Willen lösen.

Fragen Sie Fachleute

Als Bauherr sollten Sie jederzeit Herr der Lage sein – das beginnt bei der Auswahl des Grundstücks und endet erst mit der Bauabnahme. Suchen Sie sich dazu entsprechende fachliche Unterstützung, sobald Sie sich unsicher fühlen. Gehen Sie mit jedem Schritt planvoll vor, und lassen Sie während der Bauphase genügend Zeitreserven für Kalkulation, Organisation und Kontrolle. Dieser zusätzliche Einsatz zahlt sich hinterher in Form von vermiedenem Ärger vielfach wieder aus!

Die Wahl des richtigen Grundstücks

Wenn Sie nicht von einem Bauträger das schlüsselfertige Haus mitsamt Grundstück erwerben, beginnt für Sie das „Abenteuer Bauen" mit der Auswahl des Grundstücks. Dieser Schritt ist von entscheidender Bedeutung: Während Sie am Haus noch das eine oder andere Detail verändern können, stehen Größe, Lage und

Zuschnitt des Grundstücks unwiderruflich fest. Treffen Sie daher Ihre Auswahl mit Sorgfalt und Bedacht!

Zunächst einmal geht es darum, sich einen Überblick über den Grundstücksmarkt zu verschaffen. Das können Sie auf vielfältige Weise tun:

- Erkundigen Sie sich bei den Stadtverwaltungen der in Frage kommenden Gemeinden nach aktuellen Erschließungsvorhaben für neue Baugebiete.
- Informieren Sie sich im Immobilienteil der Tageszeitung sowie in den Aushängen von Maklern und Banken über das regionale Grundstücksangebot.
- Investieren Sie ein paar Sonntagsspaziergänge, um in Neubaugebieten nach Baulücken Ausschau zu halten.

Im Rahmen dieser ersten Recherche können Sie auch die marktüblichen Grundstückspreise – am sinnvollsten als Preis pro Quadratmeter – ermitteln. Allerdings sollten Sie dabei bedenken, dass nicht immer der im Angebot genannte Preise hinterher auch tatsächlich gezahlt wird. Vor allem dann, wenn die Nachfrage gering ist, haben Sie oft Verhandlungsspielraum nach unten.

Öffentliche Anlaufstellen

Wenn Sie sich nach den ortsüblichen Quadratmeterpreisen für erschlossene Grundstücke erkundigen wollen, sind Bauämter und Gemeindeverwaltungen gute Anlaufstellen. Zwar bekommen Sie auch von Banken und Maklern Preise genannt, doch diese sind daran interessiert, mit der Grundstücksvermittlung ein gutes Geschäft zu machen, und nennen daher oft die eher am oberen Rand der Preisspanne liegenden Beträge.

Noch mehr Angebote bekommen Sie, wenn Sie in der Tageszeitung eine Suchannonce aufgeben. Hier müssen Sie jedoch damit rechnen, dass der größte Teil der Offerten aus Maklerangeboten mit entsprechender Provisionspflicht besteht.

Lage und Zuschnitt

Das schönste Haus macht Ihnen jedoch nur wenig Freude, wenn die Lage nicht stimmt. Damit wird die Standortfrage beim Grundstückskauf zu einem ganz wesentlichen Kriterium. Versuchen Sie deshalb stets, das Grundstück mit den Augen eines späteren Bewohners zu betrachten.

Helligkeit ist wichitg

„Mehr Licht", soll der Dichter Johann Wolfgang von Goethe kurz vor seinem Dahinscheiden gesagt haben. Dieser kurze Satz eignet sich gut als Motto bei der Grundstücksauswahl, denn das Wohnen an einem lichtarmen Standort kann schnell zu einem ernsthaften Belastungsfaktor werden. Besonders beliebt sind Grundstücke, deren Gartenseite nach Süden ausgerichtet ist. Eher neutral sind nach Osten oder Westen orientierte Lagen – hier kommt es mit darauf an, ob Sie eher ein Frühaufsteher sind oder lieber lange Sommerabende genießen, ob ein Familienmitglied auch tagsüber zu Hause ist etc. Alle Bedürfnisse der Familie nach Besonnung sollten besprochen werden. Auch ein nach Osten orientierter Vorgarten kann Platz für eine besonnte Frühstücksecke bieten. Meiden sollten Sie hingegen Nordhanglagen.

Auch mögliche Beeinträchtigungen durch Feuchtigkeit sollten Sie prüfen. Oft wird Bauland bis an den Rand sumpfiger Gebiete ausgewiesen, und ein hoher Grundwasserstand kann beim Bauen Ärger und Mehrkosten verursachen. Dazu kommt, dass in feuchten Lagen die sommerliche Mückenplage besonders lästig werden kann. In Bach- oder Flusstälern kommt außerdem noch die Gefahr einer Überschwemmung hinzu. Angesichts immer mehr versiegelter Bodenoberflächen, enger Flussbetten und wahrscheinlicher werdender Wetterkapriolen sollten Sie Ihr Eigenheim nicht solchen Risiken aussetzen. Auch Grundstücke auf ehemaligen Deponien oder Fabrikanlagen können aufgrund toxischer Bodenbelastung zum Problem werden.

Optimale Grundstücksnutzung

Beim Zuschnitt des Grundstücks kommt es darauf an, dass beim Bauen möglichst wenig Platz verloren geht und eine optimale Grundstücksnutzung gewährleistet ist. Eher nachteilig sind schlauchförmige oder verwinkelte Grundstücke, die lange Wege, aber wenig nutzbare Fläche bieten. Wenn beispielsweise eine lange Zufahrt zum Haus erforderlich ist, geht ein Teil der Fläche praktisch ungenutzt verloren. Problematisch können Grundstücke in starker Hanglage werden. Hier können zusätzliche Stützmauern erforderlich sein, die den Bau verteuern. Aussagen zu der Bebaubarkeit eines Grundstückes werden in den Bebauungsplänen gemacht. Sie können diese Pläne bei den städtischen Bauämtern einsehen.

Klären Sie frühzeitig, ob für das Grundstück Wege- oder Leitungsrechte eingetragen sind oder ob Baulasten vorliegen, welche Baulinien existieren oder ob große Bäume für eine eventuelle Ersatzpflanzung im Fall des Fällens vorgeschrieben sind. Wie Sie diese Informationen finden, wird ausführlich im Kapitel „Vom Grundbuch-Check bis zum Notarvertrag“, siehe Seite 182 ff. erläutert.

Umgebung und Infrastruktur

Kindergärten und Schulen

Zunächst einmal gilt es, den Ist-Zustand der näheren Umgebung zu erkunden. Dazu gehört die Prüfung der Kriterien, die später Ihre Wohn- und Lebensqualität ausmachen. So sollte sich das Grundstück idealerweise in einer ruhigen, aber nicht abgelegenen Gegend befinden. Befinden sich Kindergarten oder Schule in unmittelbarer Nachbarschaft, müssen Sie abwägen, ob der praktische Aspekt der Nähe oder die möglicherweise belastende Geräuschkulisse durch spielende und lärmende Kinder für Sie höheren Stellenwert hat.

Ein wichtiger Aspekt sind in der Nähe befindliche Durchgangsstraßen oder Eisenbahnlinien. Vor allem wenn die Straße etwas höher liegt als das Grundstück und üblicherweise der Wind von der Straße in Richtung Grundstück bläst, kann die Geruchs- und Gesundheitsbelastung erheblich sein. Dazu kommt noch der Straßenlärm, vor allem wenn die Strecke häufig von Lastwagen befahren wird. Eine ärgerliche Dauerbelastung kann auch eine Kreuzung oder Bushaltestelle nahe am Grundstück sein. Denn: Beim Herunterbremsen und Anfahren wird besonders viel Lärm und Abgas erzeugt.

Befindet sich ein Gewerbegebiet in der Nähe, sollten Sie ebenfalls Vorsicht walten lassen. Je nach Art der Betriebe kann eine mehr oder weniger starke Geruchs- oder Lärmbelastung entstehen. Dazu kommt die Verkehrsbelastung durch Arbeitnehmer, Lieferanten und Kunden.

Lästige „Landluft"

Auch eine vermeintlich idyllische Ortsrandlage kann sich in dieser Hinsicht schnell als zweit- oder drittklassige Lage entpuppen. Wenn in der näheren Umgebung intensive Landwirtschaft betrieben wird – insbesondere Viehzucht in groß angelegter Stallhaltung –, sind lästige Gerüche praktisch vorprogrammiert.

Allerdings kommt es nicht nur darauf an, wie sich die Situation heute darstellt. Unterschiedliche Entwicklungen können innerhalb weniger Jahre die Standortqualität eines Grundstücks positiv oder negativ beeinflussen. Wenn Sie eine Baulücke mitten in einem bereits bestehenden Baugebiet ins Auge gefasst haben, ist die Wahrscheinlichkeit großer Veränderungen eher gering.

Künftige Erschließungsvorhaben

Randlagen können hingegen oft schon nach wenigen Jahren dieses Prädikat nicht mehr führen. Vor allem diejenigen, die großen Wert auf die angepriesene „unverbaubare Aussicht" legen, sollten bei der Grundstückswahl vorsichtig und vorausschauend sein. Wenn im

Anschluss an ein Baugebiet mit eingeschossigen Einfamilienhäusern nach wenigen Jahren mehrgeschossige Wohnblocks gebaut werden, kann die neue Nachbarschaft schnell Einbußen hinsichtlich Licht, Aussicht und Ruhe bringen. Noch gravierender können die Folgen sein, wenn die einstige Randlage plötzlich an ein neues Gewerbegebiet grenzt oder wenn dort Vereinsflächen für Clubheime oder Sportplätze ausgewiesen werden.

Auch mögliche Änderungen in der Verkehrsführung sollten frühzeitig mit berücksichtigt werden. Im günstigen Fall kann es vorkommen, dass durch den Bau einer Umgehungsstraße ein Grundstück an der bisher belebten Durchgangsstraße deutlich ruhiger wird. Doch umgekehrt besteht in so manchem Baugebiet die Gefahr, dass es sich nach einigen Jahren in unmittelbarer Nachbarschaft einer solchen Umgehungsstraße befindet.

Lärmfaktor Luftverkehr

Nicht nur der Autoverkehr zu Lande, sondern auch der Flugverkehr hat Ihre Aufmerksamkeit verdient – zumindest wenn sich in der Nähe ein Flugplatz oder Flughafen befindet und das Grundstück womöglich in einer Einflugschneise liegt. Auch mögliche Planungen zu einer eventuellen Flughafenerweiterung sollten Sie bei der örtlichen Baubehörde frühzeitig erfragen. Bei der Klärung solcher Fragen kann Ihnen auf jeden Fall eine detaillierte Karte der näheren Umgebung helfen, wo Sie schon einmal mögliche Knackpunkte im Überblick sehen.

An Informationen über geplante Bauvorhaben kommen Sie auf dem offiziellen Weg durch gezieltes Nachfragen auf den Bauämtern. Der inoffizielle Weg führt über das Gespräch mit Anwohnern, die oft über Vorhaben Bescheid wissen, die sich erst im Diskussionsstadium befinden und noch nicht in den Gremien der öffentlichen Verwaltung beschlossen sind.

Ein wichtiges Auswahlkriterium – sowohl bei Grundstücken wie auch bei Häusern und Wohnungen – ist die Infrastruktur vor Ort.

Darunter versteht man alle öffentlichen und privaten Einrichtungen, die für Sie das Leben angenehm und bequem machen. Dazu zählen beispielsweise:

- Schulen und Kindergärten
- Krankenhäuser und Ärzte
- Kulturelle Einrichtungen wie Theater- und Konzertsäle
- Restaurants und Kneipen
- Einkaufsmöglichkeiten
- Freizeiteinrichtungen wie Parks, Schwimmbäder oder Sportanlagen

Je nach familiärer Situation und persönlichen Interessen können die Anforderungen an die Infrastruktur sehr unterschiedlich ausfallen. Wichtig ist, dass das Angebot an Einrichtungen möglichst gut mit Ihren Bedürfnissen übereinstimmt. Hierzu einige typische Fragen, die Sie sich stellen sollten:

- Sind genügend Lebensmittelgeschäfte in der Nähe, um die täglichen Nahrungsmittel schnell und bequem kaufen zu können?

- Befindet sich ein größerer Supermarkt oder ein Einkaufszentrum in gut erreichbarer Entfernung, damit der Großeinkauf nicht zum unfreiwilligen „Wochenendausflug“ wird?

- Ist zumindest eine Arztpraxis und eine Apotheke in der Nähe, damit Sie und Ihre Familie sich im Krankheitsfall schnell versorgen können?

- Sind ggf. Kindergarten und Grundschule fußläufig zu erreichen? Müssen auf dem Weg größere Verkehrsstraßen überquert werden?

- Sind Spielplätze für Kinder erreichbar? Sind Spaziergänge mit dem Hund schnell und unkompliziert machbar?

Auch die Verkehrsanbindung zählt zur Infrastruktur und kann vor allem für Familien von großer Bedeutung sein. Dabei sollten Sie nicht nur daran denken, wie schnell Ihr Arbeitsplatz oder die Einkaufsmöglichkeiten mit dem Auto erreichbar sind. Nicht unerheblich ist darüber hinaus, wie nahe die nächstgelegene Bus- und Stadtbahnhaltestelle oder der Bahnhof sind. Denn selbst eine Stadt mit perfekt organisiertem öffentlichem Nahverkehr kann Ihnen persönlich wenig Vorzüge bieten, wenn der Fußweg zur nächsten Haltestelle eine halbe Stunde dauert.

Bei der Qualität der Verkehrsanbindung gibt es ebenfalls gewaltige Unterschiede. So ist eine Stadtbahnverbindung im 30-Minuten-Takt natürlich bedeutend mehr wert als ein im Zwei- oder Drei-Stunden-Abstand verkehrender Bus.

Nahverkehr wird immer wichtiger

Auch die Umsteigemöglichkeiten sowie die Entfernung zum Stadtzentrum sollten Sie bei der Bewertung der Verkehrsanbindung berücksichtigen. Je weniger Umsteigemöglichkeiten es gibt und je weiter es bis zum Zentrum ist, desto geringer wird die Bedeutung des öffentlichen Nahverkehrs. Diese Aspekte sollten Sie als vorausschauender Bauherr nicht vernachlässigen – gerade angesichts stark steigender Benzinpreise wird die Qualität der Verkehrsanbindung immer wichtiger. Davon können Sie profitieren, indem Sie schon heute auf einen Standort setzen, an dem Sie mit öffentlichen Verkehrsmitteln flexibel sind.

Sehen Sie dazu auch das Kapitel „Die Wohnumfeld-Frage", Seite 78.

Die Bebaubarkeit des Grundstücks

Was würde Ihnen das schönste Grundstück nützen, wenn Sie dort Ihr Traumhaus nicht nach Ihren Vorstellungen bauen dürfen? Um böse Überraschungen zu vermeiden, müssen Sie sich vor der Kaufentscheidung beim Bauamt über die Bebaubarkeit des Grundstücks informieren. Beim Studieren des Bebauungsplans sind insbesondere die folgenden Fakten von Bedeutung:

Art der Baufläche. Mit Kürzeln wird angegeben, welche Nutzung der Bauten erlaubt ist. „G" steht für Gewerbegebiet, „M" für Mischgebiet und „W" für ein reines Wohngebiet.

Geschossflächenzahl. Diese Zahl – abgekürzt GFZ – gibt an, wie viele Quadratmeter Wohnfläche im Verhältnis zur gesamten Grundstücksfläche entstehen dürfen. Eine GFZ von 0,4 bedeutet: Ist das Grundstück 500 Quadratmeter groß, beträgt die maximal zulässige Wohnfläche 200 Quadratmeter.

Baumassenzahl. Bei der „BMZ" geht es um das Volumen des Gebäudes, also den Rauminhalt vom Keller bis unters Dach. Eine Baumassenzahl von 3,5 würde bedeuten, dass pro 100 Quadratmeter Grundstücksfläche 350 Kubikmeter Bauvolumen erstellt werden dürfen.

Grundflächenzahl. Bei der „GRZ" geht es um die bebaute Fläche – zunächst einmal unabhängig davon, wie viele Geschosse das Haus hat. Bei einer GRZ von 0,2 dürfen somit 20 Prozent der Grundstücksfläche überbaut werden.

Höhe und Anzahl der Geschosse. Im Bebauungsplan wird auch festgelegt, wie viele Geschosse ein Gebäude haben darf. Die zulässige Anzahl der Vollgeschosse wird meist in römischen Ziffern angegeben. Bei der maximalen Höhe ist üblicherweise ein Bezugspunkt wie beispielsweise ein bestimmter Vermessungspunkt auf der Straße festgelegt. Benannt werden hier die Traufhöhe (TH) und die Firsthöhe (FH).

Dach. Recht streng geht es vielerorts bei den Vorschriften zum Dach zu. Glücklicherweise gibt es nur noch selten Baugebiete, in denen das reparaturanfällige Flachdach vorgeschrieben ist. Oft nicht zulässig ist hingegen das praktische und kostengünstige Pultdach. Vorgeschrieben ist meist ein Sattel- oder Walmdach, dessen Dachneigung innerhalb bestimmter Grenzen liegen muss. Auch die Firstrichtung ist in aller Regel verbindlich vorgegeben.

Baugrenzen. Das Haus darf meist nicht nach Belieben auf dem vorderen oder rückwärtigen Teil des Grundstücks gebaut werden. Als Bauherr müssen Sie sich an den so genannten „Baufenstern" orientieren, deren Grenzen nicht überschritten werden dürfen. Nur in Ausnahmefällen und mit ausdrücklicher Genehmigung des Bauamtes dürfen die Grenzen geringfügig erweitert werden.

Baulinien. Auf diesen Linien muss das Gebäude gebaut werden, damit es mit den benachbarten Gebäuden gleich ausgerichtet ist.

Was Sie über die öffentliche Erschließung wissen sollten

Jedes Grundstück muss für die Bebauung öffentlich erschlossen werden. Das bedeutet: Die Zufahrt über das öffentliche Straßennetz muss gewährleistet sein, ebenso die Versorgung mit Strom, Wasser und Telefon sowie die Entsorgung des Abwassers. Wenn eine Stadt oder Gemeinde ein neues Baugebiet erschließt, muss sie diese Arbeiten in Auftrag geben. Das ist teuer – aber nicht unbedingt für die Kommunalverwaltung, sondern in erster Linie für die Grundstückseigentümer. Die dafür anfallenden Kosten werden nämlich auf die Eigentümer der jeweiligen Grundstücke umgelegt.

Was die Erschließung kostet

Je nach Lage und Größe des zu erschließenden Baugebietes können die Kosten unterschiedlich hoch ausfallen. Ganz grob können Sie jedoch davon ausgehen, dass bei einem voll erschlossenen Baugrundstück vom Vorbesitzer etwa die Hälfte des Verkaufspreises in die Erschließung investiert worden ist.

Nicht nur in bautechnischer Hinsicht, sondern auch bei der Abrechnung kann sich dieser Prozess über einen längeren Zeitraum hinziehen. Wenn Sie ein Grundstück im unerschlossenen Zustand erwerben, sollten Sie unbedingt klären, bis zu welchem Zeitpunkt die Arbeiten abgeschlossen sein sollen. Beim Kauf während der Erschließungsphase oder am Ende der Erschließung sollten Sie prüfen, welche Arbeiten noch durchzuführen sind oder noch zur Abrechnung anstehen. Hier sind die öffentliche und die private Erschließung zu unterscheiden. Die öffentliche Erschließung wird bis zur Grundstücksgrenze geführt. Auf diese Arbeiten haben Sie keinen Einfluss. Die private Erschließung erfolgt von der Grundstücksgrenze in das Gebäude; dafür sind Sie verantwortlich.

TIPP

Sicherheit beim Kauf

Auf der sicheren Seite sind Sie, wenn Sie das Grundstück im voll erschlossenen Zustand erwerben und der Verkäufer sich verpflichtet, alle eventuell noch ausstehenden Abrechnungen für Erschließungsmaßnahmen zu begleichen. Dies muss jedoch unmissverständlich im notariellen Kaufvertrag festgelegt werden.

Das Erbbaurecht als Alternative zum Grundstückskauf

Vor allem in Ballungsgebieten sind Grundstücke teuer und für Durchschnittsverdiener kaum finanzierbar. Doch in vielen Städten und Gemeinden gibt es in Form des Erbbaurechts – auch Erbpacht genannt – eine günstige Alternative: Vor allem Kommunen und Kirchen räumen Bauherren das Recht ein, auf ihren Grundstücken zu bauen und diese für einen festgelegten Zeitraum – in der Regel 40 bis 99 Jahre – zu nutzen. Anstatt das Grundstück zu kaufen, bezahlt der Bauherr den Erbbauzins, der je nach Anbieter und Region pro Jahr meist 3 bis 5 Prozent des Grundstückswertes beträgt. Damit kann bei der Finanzierung die monatliche Belastung deutlich gesenkt werden.

Zusätzliche Vergünstigungen bieten manche kirchliche Liegenschaftsverwaltungen und Städte für Familien mit Kindern. So gewähren einige kirchliche Institutionen Nachlässe für Familien, die je nach Anzahl der Kinder unterschiedlich hoch ausfallen. Allerdings gibt es auch Ausreißer nach oben. Manche Anbieter verlangen bis zu 6 Prozent Erbbauzins – da haben Sie als Bauherr vor allem in Phasen niedriger Bankzinsen im Vergleich zum herkömmlichen Grundstückskauf praktisch keinen finanziellen Vorteil mehr.

Kirchen fördern Kinder

Der Erbbauvertrag, der wie der Kaufvertrag vor dem Notar geschlossen werden muss, birgt indes auch einige Fallstricke für den Bauherren in sich. So muss sich der Pächter meist verpflichten, innerhalb von zwei bis vier Jahren mit dem Bau zu beginnen. Überdies enthält der Vertrag Regelungen über die so genannten „Heimfallgründe" – in solchen Fällen darf der Eigentümer das Grundstück mitsamt Bauwerk gegen eine Entschädigung zurückfordern. Dies kann etwa dann der Fall sein, wenn Sie nicht fristgerecht mit dem Bau beginnen, mit zwei Jahresbeträgen im Rückstand sind oder das Grundstück vertragswidrig – beispielsweise zum Bau einer Spielhalle – nutzen. Auch die Erbbauzinsen selbst dürfen im Lauf der Zeit erhöht werden. Die Obergrenze für Steigerungen wurde vom Bundesgerichtshof (BGH) festgelegt: Mehr als der Mittelwert aus dem Anstieg der Lebenshaltungskosten eines Vier-Personen-Arbeitnehmerhaushalts und der Bruttolöhne ist nicht drin. (Gemeint ist hier der Mittelwert der Bruttolöhne der Arbeiter und Angestellten in Industrie und Handel.)

BGH setzte Obergrenze

Wenn Sie im Erbbauvertrag eine Kaufoption integrieren, können Sie die Vorteile von Erbbau und Kauf verknüpfen. Ist das Darlehen für das Haus getilgt, kann das Grundstück nachträglich zu günstigen Konditionen – oft bis zu 25 Prozent unter dem Marktwert – erworben werden. Bei kirchlichen Erbbauanbietern stößt man allerdings mit dem Wunsch nach späterem Kauf meist auf taube Ohren, denn deren Satzung erlaubt den Verkauf von Grundstücken nur in Ausnahmefällen. Flexibler zeigen sich bei der Kombination von Erbbau und Kauf in der Regel die Kommunen – aus durchaus nachvollziehbarem Grund: Schließlich fließt bei jedem Grundstücksverkauf eine stattliche Summe in die Gemeindekasse.

Der Erbbau ist vor allem dann interessant, wenn Sie sich das Bauen auf einem eigenen Grundstück wegen der hohen Anfangsbelastung nicht leisten können. Sind Sie hingegen imstande, die Belastung für den Grundstückskauf zu tragen, kommen Sie langfristig günstiger weg. Der Grund: Ist das Grundstück nach einigen Jahren schuldenfrei, fallen auch keine Zinsaufwendungen mehr an. Beim Erbbau muss jedoch der Zins über die gesamte Vertragslaufzeit entrichtet werden.

Kurz-Checkliste zum Erbbauvertrag

- Welche Institutionen bieten am Ort oder in der Region Erbbaurechte an?
- Müssen bestimmte Voraussetzungen – z.B. Einkommensgrenzen – erfüllt werden?
- Gibt es Sonderkonditionen für Familien?
- Innerhalb welcher Frist und unter welchen Vorgaben muss gebaut werden?
- In welchen Fällen darf der Eigentümer das Grundstück zurückfordern?
- Wie oft und in welchem Maß darf der Zins erhöht werden?
- Kann das Grundstück zu einem späteren Zeitpunkt günstig gekauft werden?

Der Hausbau – Sie können zwischen unterschiedlichen „Fertigungstiefen" wählen

Beim Bau eines Hauses können Sie als Bauherr grundsätzlich in völlig unterschiedliche Rollen schlüpfen, je nachdem, wie intensiv und individuell Sie am Bauprozess beteiligt sein wollen: Sie können zum Planer und Bauunternehmer des eigenen Hauses werden oder aber zum Käufer eines fertigen Produkts. Ganz intensiv sind Sie selbst mitbeteiligt, wenn Sie sich dafür entscheiden, ein individuelles Haus mit dem Architekten zu bauen, ihn bei Bedarf mit der Planung und Überwachung und den Bauunternehmer und auch die übrigen am Bau beteiligten Handwerker selbst zu beauftragen. In diesem Fall unterstützt der Architekt sie bei der Auswahl der geeigneten Unternehmer und bei der Beauftragung, Sie als Bauherr schließen jedoch eine ganze Reihe von Verträgen ab und müssen sich mit jedem einzelnen Vertragspartner gesondert auseinander setzen. Dies ist mit erhöhtem Koordinations- und Verwaltungsaufwand verbunden. Den Aufwand können Sie reduzieren, indem Sie einen so genannten Generalunternehmer beauftragen (siehe Seite 112 f.).

Aufwand durch Verträge

Natürlich können Sie auch die organisatorischen Arbeiten inklusive der Bauleitung selbst in die Hand nehmen und ein hohes Maß an Eigenleistungen erbringen. Doch abgesehen davon, dass Sie dabei ein hohes Risiko eingehen, können Sie keinesfalls auf die Mitwirkung von Architekt und Statiker verzichten. Ihr Bauantrag wird nämlich nur genehmigt, wenn die Zeichnungen eines Architekten und die Berechnungen eines Statikers vorliegen.

TIPP Bequemer wird es für Sie, wenn Sie schlüsselfertig bauen, ein Haus vom Bauträger kaufen oder ein Fertighaus errichten lassen. Hier müssen Sie nicht mit einzelnen Handwerksleistungen jonglieren, sondern haben einen Ansprechpartner – nicht nur in organisatorischen Fragen, sondern auch in rechtlicher und finanzieller Hinsicht.

Ein Ansprechpartner

Die nachfolgenden Kapitel sind sozusagen nach der Fertigungstiefe, also danach, wie viel Sie selbst übernehmen und beeinflussen, absteigend sortiert: Den Anfang bildet das Architektenhaus, danach kommen die Lösungen „von der Stange", die jedoch dank flexibler Herstellungsverfahren heute viel individueller als noch vor einigen Jahrzehnten aussehen können.

Wenn Sie sich eingehender mit dem Bauen befassen wollen, bieten Ihnen die von den Verbraucherzentralen herausgegebenen Ratgeber „Hausbau: Recht und Verträge", „ABC des Baurechts" sowie „Richtig bauen: Ausführung" vertiefende Detailinformationen.

Das Architektenhaus – die Herausforderung für Individualisten

Wenn Ihr Haus nicht erst bei der Inneneinrichtung, sondern in der ganzen Gestaltung eine persönliche Note erhalten soll, ist der Architekt der wichtigste Partner für Sie. Er begleitet Sie beim Bauen und berät Sie vom Planungsstadium über die Bauausführung bis hin zur eventuellen Überwachung von Gewährleistungsansprüchen. Seine Hauptaufgabe besteht darin, die technische und planungsrechtliche Machbarkeit und Zulässigkeit der von Ihnen geäußerten Wünsche zu prüfen und kreativ umzusetzen.

Teil- oder Gesamtleistungen

Grundsätzlich können Sie den Architekten mit der Übernahme von Teilleistungen von Planung, Ausschreibung und Bauleitung oder aber für die Gesamtabwicklung Ihres Bauvorhabens beauftragen. Der Architekt arbeitet auf der Grundlage der Honorarordnung für Architekten und Ingenieure (HOAI). Diese ordnet das zu errichtende Gebäude nach Schwierigkeitsgraden bestimmten Honorarzonen zu, die dann der Bemessung der Honorare für Architekten und Ingenieure dienen. Die gesamte Arbeit wird dabei in neun verschiedene Leistungsphasen unterteilt:

Leistungsphasen nach § 15 Abs. 2 der Honorarordnung für Architekten und Ingenieure (HOAI)

Leistungsphase		Grundleistungen
1	Grundlagenermittlung	Ermitteln der Voraussetzungen zur Lösung der Bauaufgabe durch die Planung
2	Vorplanung (Projekt- und Planungsvorbereitung)	Erarbeiten der wesentlichen Teile einer Lösung der Planungsaufgabe
3	Entwurfsplanung (System- und Integrationsplanung)	Erarbeiten der endgültigen Lösung der Planungsaufgabe
4	Genehmigungsplanung	Erarbeiten und Einreichen der Vorlagen für die erforderlichen Genehmigungen
5	Ausführungsplanung	Erarbeiten und Darstellen der ausführungsreifen Planungslösung
6	Vorbereitung der Vergabe	Ermitteln der Mengen und Aufstellen von Leistungsverzeichnissen
7	Mitwirkung bei der Vergabe	Ermitteln der Kosten und Mitwirkung bei der Auftragsvergabe
8	Objektüberwachung (Bauüberwachung)	Überwachen und Ausführen des Objekts
9	Objektbetreuung und Dokumentation	Überwachen der Beseitigung von Mängeln und Dokumentation des Gesamtergebnisses

Beim Bauen mit dem Architekten sind Sie als Bauherr Vertragspartner aller beauftragten Unternehmen und Fachingenieure. Außerdem sind sie als Bauherr auch gegenüber den Behörden mitverantwortlich für die Sicherheit auf Ihrer Baustelle. Das gilt auch dann, wenn Sie dem Bauleiter (das kann Ihr Architekt sein, wenn Sie ihn mit der Bauüberwachung – Leistungsphase 8 –

beauftragen, oder ein anderer Architekt oder Bauingenieur) die Verantwortung übertragen.

Die Auswahl des Architekten

Ein maßgeblicher Erfolgsfaktor beim Bauen ist die Auswahl des richtigen Architekten, der Ihre Vorstellungen so umsetzt, dass Ihre Träume zu vertretbaren Kosten verwirklicht werden können. Das ist nicht unbedingt einfach, und nicht jeder Architekt wird den Anforderungen des Bauherren gerecht. Um herauszufinden, ob ein Architekt wirklich gute Leistung bietet, empfiehlt sich die Kontaktaufnahme zu Kunden, die mit ihm gebaut haben. Ein Architekt, der von seinem guten Ruf überzeugt ist, dürfte kein Problem damit haben, Ihnen Referenzadressen zu geben. Im Gespräch mit diesen Kunden sollten Sie die nachfolgenden Fragen auf jeden Fall stellen:

- Ging der Architekt bei der Planung auf die Wünsche des Bauherrn ein?
- Hatte der Architekt das Budget beim Bauen im Griff?
- Wurde der Terminplan eingehalten?
- Wenn er die Bauleitung übernommen hatte: Wie intensiv kümmerte der Architekt sich in der Funktion als Bauleiter um die Handwerker auf dem Bau?
- Wie verhielt er sich bei Mängeln gegenüber dem Handwerker und dem Bauherrn?
- Wie hoch war das Honorar, das er für seine Dienste verlangt hat?

TIPP *Vorplanung als Test*

Wenn Sie einen Architekten zunächst einmal testen wollen, haben Sie die Möglichkeit, ihn im ersten Schritt nur mit der Grundlagenermittlung und Vorplanung (Leistungsphase 1 und 2) zu beauftragen. Merken

Sie schon in diesem Stadium, dass die Zusammenarbeit nicht funktioniert, können Sie sich von ihm trennen, ohne allzu viel Geld dabei verloren zu haben. Die Erstellung eines Entwurfs schließt als Leistungsphase 3 (siehe Seite 100) auch die Leistungsphasen 1 und 2 ein. Wenn Sie über die Referenzobjekte Positives über den Architekten erfahren haben, ist es ratsam, ihn gleich mit den Leistungsphasen 1 bis 4 bis einschließlich Bauantrag zu beauftragen.

Vereinfachung spart Kosten

Gemeinsam mit dem Architekten werden Sie dann auch den Bauetat aufstellen. Hier braucht der Architekt Erfahrung und Fingerspitzengefühl, denn schon eine Budgetüberschreitung um wenige Prozent kann unter Umständen Finanzierungsprobleme für Sie nach sich ziehen. Um sich vor solchen finanziellen Unwägbarkeiten zu schützen, sollten Sie genügend Reserven einplanen. Darüber hinaus gibt es viele Möglichkeiten, durch planerische Vereinfachung bei annähernd gleicher Wohnfläche ohne Qualitätsverlust weniger Baukosten zu produzieren. Der Architekt berät Sie auch, wenn es darum geht, kostengünstige Alternativen aufzuzeigen und zu klären, ob und wie viel Kosten Sie sparen können: zum Beispiel durch den Verzicht auf aufwändige Elemente wie Erker oder Dachgauben oder – soweit im Bebauungsplan vorgesehen – mit einem Pultdach anstelle eines Sattel- oder Walmdachs.

Der Architektenvertrag

Sie beauftragen einen Architekten, indem Sie einen Architektenvertrag abschließen. In der Regel wird der Architekt Ihnen einen vorgedruckten Vertragstext mit der Bitte um Unterzeichnung vorlegen.

Bei der Beauftragung des Architekten besteht ein häufiges Problem darin, abzugrenzen, ab wann Sie die Arbeit des Architekten bezahlen müssen – sprich: was zur honorarfreien Akquisition gehört, und ab welchem Zeitpunkt es sich um eine honorarpflichtige Leistung handelt. Denken Sie also daran, dies so früh wie möglich zu klären.

Die Honorierung des Architekten

Eine genaue Berechnung des Honorars für den Architekten anhand der HOAI ist kompliziert. Zunächst einmal wird nämlich unterschieden zwischen Grundleistungen und besonderen Leistungen. Letztere dürfen unter bestimmten Umständen zusätzlich zu den Grundleistungen abgerechnet werden. Sie erfordern im Verhältnis zu den Grundleistungen einen besonderen Arbeits- und Zeitaufwand und müssen schriftlich vereinbart werden. So kann zum Beispiel in der Leistungsphase 2 (siehe Seite 100) als Besondere Leistung das Aufstellen eines Finanzierungsplans vereinbart werden. Außerdem sieht die HOAI Mindest- und Höchstsätze vor. Für Sie ist wichtig zu wissen, dass immer dann, wenn nicht bei Auftragserteilung etwas Abweichendes vereinbart worden ist, die jeweiligen Mindestsätze als vereinbart gelten.

Komplizierte Berechnung

Die Mindest- und Höchstgebührensätze können der Honorartafel zu § 16 Absatz 1 der HOAI entnommen werden. Dazu müssen in einem ersten Schritt die anrechenbaren Kosten und in einem zweiten Schritt die Honorarzone festgelegt werden. Bei den Honorarzonen wird zwischen fünf verschiedenen Schwierigkeitsgraden unterschieden. Zone I bezeichnet einen geringen, Zone V einen sehr hohen Schwierigkeitsgrad. Für Sie ist wichtig zu wissen, dass ein normales Einfamilienhaus in der Regel in die Honorarzone II fällt. Die Ermittlung der anrechenbaren Kosten ergibt sich aus § 10 der HOAI. Wichtig ist dabei, dass die Kosten für das Baugrundstück und die Baunebenkosten nicht mit in die Berechnung einbezogen werden.

Hier ein Beispiel:

Bei anrechenbaren Kosten in Höhe von 200.000 Euro können Sie von einem Architektenhonorar in Zone III zwischen 21.586 Euro und 26.792 Euro ausgehen.

Das gesamte Honorar des Architekten wird wie folgt auf die einzelnen Leistungsphasen verteilt:

Leistungsphase		Honoraranteil
1	Grundlagenermittlung	3 %
2	Vorplanung	7 %
3	Entwurfsplanung	11 %
4	Genehmigungsplanung	6 %
5	Ausführungsplanung	25 %
6	Vorbereitung der Vergabe	10 %
7	Mitwirkung bei der Vergabe	4 %
8	Objektüberwachung	31 %
9	Objektbetreuung und Dokumentation	3 %
Summe		**100%**

Planung und Kalkulation

Zuallererst sollten Sie zumindest eine grobe Vorstellung davon haben, wie Ihr Haus aussehen soll. Die Anzahl der Zimmer und die ungefähre Nutz- und Wohnfläche sollten feststehen und Sie sollten sich darüber Gedanken gemacht haben, ob Sie einen Keller und eine Garage brauchen oder ob Carport und Abstellraum ausreichen.

Dann sollten Sie einen Architekten mit der Planung beauftragen, da schon in dieser Phase Konstruktion und Kalkulation eine wichtige Rolle spielen. Auch wenn Sie zeichnerisch begabt sind, muss die Planung von einem Architekten gemacht werden, der Mitglied der örtlichen Architektenkammer ist, da die Planung sonst vom Bauamt nicht genehmigt wird. Zu der Planung zählen auch die statischen Berechnungen, die sicherstellen, dass Ihnen die Decke nicht auf den Kopf fällt.

Bauantrag und Baugenehmigung

Die Einzelheiten des Baugenehmigungsverfahrens sind in der jeweiligen Landesbauordnung geregelt. Darin ist auch geregelt, welche Behörde Ihren Bauantrag bearbeitet. Welche Stelle zuständig ist – meist das Bauordnungsamt oder das Bauamt –, weiß der Architekt. Um eine Baugenehmigung zu erhalten, muss ein Bauantrag eingereicht werden. Das kann jedoch in der Regeln nur eine Person sein, die eine so genannte Bauvorlagenberechtigung besitzt, also zum Beispiel ein Architekt oder ein Ingenieur. Für den Bauantrag selbst gibt es Formulare, die zusammen mit den Bauvorlagen eingereicht werden müssen. Das sind normalerweise

- Lageplan,
- Bauzeichnungen,
- Baubeschreibung und
- Statik.

Genehmigung ist befristet

Die Behörde muss dann innerhalb einer bestimmten Frist über den Antrag entscheiden. In der Praxis kommt es nicht selten vor, dass die Baubehörde die Baugenehmigung erteilt, aber mit bestimmten Auflagen versieht. In diesem Fall müssen dann noch bestimmte Änderungen in den Unterlagen vorgenommen werden. Wichtig für Sie ist zu wissen, dass die Baugenehmigung immer nur für einen bestimmten Zeitraum gültig ist, meist für einen Zeitraum von etwa drei Jahren. Innerhalb dieser Frist müssen Sie mit dem Bau beginnen und dürfen den Bau auch nicht für längere Zeit – meist ein Jahr – unterbrechen, sonst erlischt die Baugenehmigung.

Die Ausschreibung und die Auswahl der Handwerker

Auf der Basis der Bauantragspläne werden die Ausführungspläne erstellt, die die „Feinarbeit“ enthalten und auf deren Grundlage die jeweiligen Massen zur Erstellung des Leistungsverzeichnisses errechnet werden (Leistungsphase 5 und 6). Wenn also Ihr Bauvorhaben als Bauantrag vom Bauamt geprüft und genehmigt worden ist, übernimmt in der Regel der Architekt die Ausschreibung der einzelnen Bauleistungen, in der Fachsprache „Gewerke“ genannt. In der Ausschreibung werden die jeweiligen Leistungen beschrieben und vom Handwerker mit dem Preis versehen. Aber Vorsicht: Das günstigste Angebot ist nicht immer das beste. Oft werden am Bau ein paar hundert Euro Preisersparnis mit Terminverzögerungen, minderwertigen Materialien oder langwierigen Reklamationen teuer bezahlt. Ihr Architekt als erfahrener Planer kennt die Fallstricke bei Billigangeboten, kann die Spreu vom Weizen trennen und damit so manches Ärgernis rechtzeitig vermeiden.

Wer übernimmt die Bauleitung?

Ein Neubau und ein Klassenzimmer haben eines gemeinsam: Wenn die Aufsicht fehlt, bricht schnell das Chaos aus. Daher ist auf der Baustelle ein versierter Bauleiter erforderlich, der nach dem Rechten sieht. Mit dieser Aufgabe können Sie Ihren Architekten beauftragen (siehe Leistungsphase 8) oder einen anderen Architekten oder einen Bauingenieur. Wichtig ist dabei jedoch zu wissen, dass Sie in jedem Fall selbst für Ihren Bau verantwortlich sind, auch wenn der Architekt Sie als Bauleiter unterstützt. Ansprüche wegen Mängeln oder nicht eingehaltener Kosten und Termine müssen Sie als Bauherr gegenüber den beteiligten Handwerkern selbst durchsetzen.

Die Übernahme der Bauleitung in eigener Verantwortung ist in aller Regel nicht empfehlenswert – es sei denn, Sie haben das erforderliche Fachwissen und jede Menge Zeit. Auch wenn Sie ein begabter Heimwerker sind, sollten Sie Ihre Möglichkeiten nicht überschätzen. Schließlich ist ein kompletter Neubau kaum mit typischen Heimwerkerleistungen wie dem Ausbau eines Dachgeschosses oder einer Einliegerwohnung vergleichbar. Hier geht es nicht um Ausbauarbeiten, sondern im wahrsten Sinne des Wortes um die tragenden Bestandteile des Hauses. Wenn Sie kein ausgebildeter und erfahrener Bauhandwerker oder Bauingenieur sind, sollten Sie die Bauleitung auf jeden Fall in qualifizierte Hände geben.

Bauleitung in Eigenregie ist riskant

Üblich ist, dass der Architekt selbst oder ein mit ihm kooperierender Bauingenieur die Bauleitung übernimmt. Allerdings sollten Sie von vornherein sicherstellen, dass der Bauleiter seine Aufgabe nicht auf die leichte Schulter nimmt. Mit einer oder zwei Stunden Anwesenheit pro Woche kann selbst ein versierter Fachmann keine qualifizierte Aufsicht leisten – denn in der verbleibenden Zeit kann schlicht und einfach zu viel Pfusch zugeputzt und übertüncht werden.

Ein wichtiger Aspekt im Gespräch mit dem Architekten ist somit die Frage nach der Bauleitung. Lassen Sie sich verbindlich zusagen, dass die Baustelle mehrmals pro Woche unter die Lupe genommen wird – und klären Sie im Gespräch mit den Referenzkunden, ob dies auch eingehalten wurde.

Verbindliche Baustellenbesuche

Die Frage der Bauleitung wirkt sich auch auf die Beauftragung der Handwerker aus. Wer die Handwerker letztendlich auswählt, hängt nämlich davon ab, ob der Architekt von Ihnen als Bauleiter oder Baubetreuer eingesetzt wird.

Hat er den Auftrag der Bauleitung, wird er sicherlich eine Empfehlung aussprechen und Sie vielleicht auf einen zwar etwas teureren, aber besonders zuverlässigen Handwerker hinweisen. Wer den Zuschlag bekommt, entscheiden jedoch Sie selbst.

Im Fall der Baubetreuung geben Sie dem Architekten die Vollmacht, in Ihrem Auftrag und Namen die Handwerkerverträge zu schließen. Diese Vollmacht erstreckt sich auf alle Arbeiten, die für die reibungslose Durchführung notwendig sind. Darunter fallen beispielsweise Planung, Ausschreibung, Auftragsvergabe, Bauleitung, Terminkoordination und Behördenkontakte. Rechtlich gesehen ist der Baubetreuer nur der Vermittler zwischen den Bauhandwerkern und dem Bauherrn: Er vergibt zwar die Aufträge und überwacht die Arbeiten, doch wenn Mängel auftreten, haftet der Handwerker direkt gegenüber dem Bauherrn.

So behalten Sie die Kosten im Griff

In Unternehmen sind die Kostenkontrolleure (auch „Controller" genannt) im Kollegenkreis oft wenig beliebt. Sie achten auf die Einhaltung der Budgets, fordern Erklärungen bei Überschreitungen ein und lehnen Extra-Ausgaben oft ab, wenn ihnen die Begründung nicht ausreichend erscheint. Dennoch sind sie wichtig für den wirtschaftlichen Erfolg des Unternehmens. Denn das schönste Umsatzwachstum kann in die Pleite führen, wenn die Ausgaben aus dem Ruder laufen.

Bauleiter muss Kosten prüfen

Grundsätzlich ist es so, dass Ihr Architekt als Bauleiter die Pflicht hat, Ihnen als Bauherrn regelmäßig einen aktuellen Überblick über die entstandenen Kosten zu verschaffen. Er muss die Rechnungen der Unternehmer mit den vertraglich vereinbarten Preisen und den veranschlagten Kosten vergleichen und Sie als Bauherr rechtzeitig informieren, wenn sich Kostensteigerungen ergeben. Der Bauleiter ist verpflichtet, in den einzelnen Leistungsphasen immer wieder Kostenkalkulationen vorzunehmen. Das gehört zu seinen Aufgaben.

Nun ist es so, dass Sie beim Bauen mit dem Architekten beispielsweise bei einem Einfamilienhaus Vertragspartner von etwa 20 Unternehmen plus Fachingenieuren sind. Diese stellen je nach

Vertragsgestaltung mehrere Abschlagsrechnungen, bis am Ende jeweils die Schlusszahlung nach der Abnahme des Hauses erfolgt. Sie erhalten also während des Bauablaufs leicht über 150 Rechnungen.

Behalten Sie den Überblick!

Als Bauherr haben Sie ein Budget in Form Ihres Finanzierungsrahmens, dessen Überschreiten Ihnen im schlimmsten Fall finanziell das Genick brechen kann. Um ein Finanzierungsfiasko zu vermeiden, sollten Sie ständig darauf achten, dass die Gesamtkosten ihr geplantes Budget nicht sprengen. Und Sie sollten zu jedem Zeitpunkt einen Überblick darüber haben, wie hoch die bisherigen Ausgaben sind, ob die einzelnen Gewerke teurer oder billiger sind als in der Kostenrechnung vorgesehen und ob sich bereits Kostenüberschreitungen abzeichnen. Außerdem sollten Sie einen Überblick über die Teilzahlungen an die einzelnen Gewerke haben, damit Sie nicht einzelnen Firmen versehentlich zu viel überweisen. Nicht jede Abschlagszahlung oder Schlussrechnung ist in ihrer Höhe berechtigt. Zwar ist die Kostenkontrolle (Leistungsphase 8) eine der Grundleistungen des Architekten oder Bauleiters, der sich dezidiert darum kümmern muss, trotzdem ist es wichtig, dass Sie selbst auch informiert sind. Wenn Sie sich aus Zeitgründen nicht im Detail darum kümmern können, so sollten Sie sich diese Informationen regelmäßig, zum Beispiel einmal im Monat von Ihrem Architekten oder Bauleiter vorlegen lassen.

Teure Änderungen

Eine der wichtigsten Kostenfallen beim Bauen sollten Sie auf jeden Fall kennen: Das sind Planungsänderungen während der Bauphase.

Wenn ein Gebäude entsteht, kommt Ihnen als Bauherr vielleicht die eine oder andere Idee, wie die Gestaltung des Ganzen noch ein bisschen abgeändert oder optimiert werden kann. Dabei geht es weniger um das Gesamtvolumen – denn Baufläche, Dachform, Zahl der Geschosse und ähnliche Dinge sind ja durch die Prozedur der Baugenehmigung verbindlich vorgeschrieben. Doch schon allein der Innenausbau bietet jede Menge Kostenfallen, wenn das ursprünglich Geplante nachträglich geändert werden soll. Höherwertige Fliesen und Türen oder nachträglich eingeplante Extras wie Fußbodenheizung und Solaranlage können den Etat sprengen – vor allem dann, wenn die Finanzierung von vornherein knapp ausgelegt wurde.

Grundsätzlich sind die Handwerker an die Angebote, die sie auf die Ausschreibung des Architekten hin abgegeben haben, gebunden. Wenn Sie nachträglich eine Leistungsposition ändern, muss mit dem Handwerker entsprechend nachverhandelt werden.

TIPP

Fünf Prozent für Extras

Legen Sie von vornherein rund 5 Prozent der Finanzierungssumme als „Etat für nachträgliche Extras" fest. Wenn Ihr Bau dann teurer als ursprünglich geplant ausfällt, haben Sie sich damit etwas Spielraum verschafft. Brauchen Sie das Geld nicht, können Sie gleich zu Beginn eine Sondertilgung leisten und damit Ihre Finanzierungsdauer reduzieren.

Kurz-Checkliste: Das Architektenhaus

- Um herauszufinden, ob ein Architekt gute Leistungen bringt, sollten Sie sich Referenzobjekte von ihm nennen lassen und ein ausführliches Gespräch mit seinen Kunden führen.
- Wenn Sie den Architekten zunächst testen wollen, haben Sie die Möglichkeit, ihn in einem ersten Schritt nur mit der Grundlagenermittlung und der Vorplanung zu beauftragen.
- Denken Sie daran, so früh wie möglich mit dem Architekten zu klären, ab welchem Zeitpunkt seine Leistung eine honorarpflichtige ist und nicht mehr zur honorarfreien Akquisition gehört.
- Wenn Sie nachträglich Positionen im Leistungsverzeichnis ändern wollen, muss mit den entsprechenden Handwerkern nachverhandelt werden.

Schlüsselfertig Bauen

Das Bauen in Eigenregie ist nicht nur die teuerste, sondern auch die zeitaufwändigste Variante. Dazu gibt es bequemere Alternativen, die oft auch deutlich kostengünstiger sind: Das schlüsselfertige Bauen mit einem Generalüber- oder -unternehmer und der Erwerb des Hauses vom Bauträger. Vor allem die eher standardisierten Haustypen wie Reihen- oder Doppelhäuser werden oft schlüsselfertig angeboten. Für Sie als Bauherr bringt dies vor allem eine organisatorische Entlastung und die Abwicklung des kompletten Bauvorhabens zum vereinbarten Festpreis. Als Preis dafür müssen Sie jedoch oft Einschränkungen beim gestalterischen Spielraum in Kauf nehmen.

Prüfen Sie die Baubeschreibung

Aber Achtung: Der Begriff „schlüsselfertig" ist nicht eindeutig definiert. Ob Ihr Haus also bezugsfertig oder sogar komplett fertig gestellt wird, können Sie aus dem Begriff „schlüsselfertig" nicht ableiten. Entscheidend ist hier vielmehr eine detaillierte Bau- und Leistungsbeschreibung, die Teil des Bauvertrags sein muss. Diese sollten Sie ganz genau studieren und zusätzlich von einem Fachmann prüfen lassen. Denn hier steht, was Sie für Ihr Geld bekommen – oder auch nicht. Häufig geht aus diesen Baubeschreibungen nicht genau hervor, welche Leistungen im Festpreis enthalten sind, oder es fehlen wichtige Informationen, zum Beispiel über die Art und Beschaffenheit bestimmter Baumaterialien. Kaufen sie also nicht die Katze im Sack. Wo die Baubeschreibung unklar oder unvollständig ist, müssen Präzisierungen und Ergänzungen her, und zwar schriftlich. Mündliche Erläuterungen des Anbieters reichen keinesfalls aus. Wenn also zum Beispiel Markenartikel bei der Sanitäreinrichtung oder der Heizungsanlage verwendet werden sollen, müssen diese in der Baubeschreibung auch genau benannt werden. Und im Übrigen: Die Angebote verschiedener Hausanbieter können Sie natürlich auch nur dann miteinander vergleichen, wenn die jeweiligen Bau- und Leistungsbeschreibungen vollständig und präzise sind.

Der Generalunternehmer

Der Generalunternehmer plant und errichtet das Haus auf dem Grundstück, das Sie erworben haben. Einen Teil der Arbeiten führt er selbst durch, den Rest vergibt er an Subunternehmer. Ein wichtiger Unterschied zum Bauleiter und Baubetreuer besteht darin, dass der Generalunternehmer Ihr alleiniger Vertragspartner ist. Damit haben Sie bei Mängeln und Reklamationen einen einzigen Ansprechpartner, der für den gesamten Bau verantwortlich ist.

Bei der Abrechnung gilt für Generalunternehmer die Makler- und Bauträgerverordnung (MaBV), deren Ziel insbesondere das Verhindern von Betrug und Veruntreuung ist. So ist es beispielsweise nicht zulässig, dass ein Generalunternehmer Vorauszahlungen von seinen Kunden fordert, ohne deren korrekte Verwendung abzusichern – und zwar in Form einer Bankbürgschaft oder Versicherung. In dieser Verordnung sind auch die maximalen Raten festgelegt, die vom Bauherren nach Baufortschritt zu bezahlen sind. Laut Verordnung kann der Generalunternehmer höchstens die folgenden Raten berechnen:

20,0 %	nach Beginn der Erdarbeiten
32,0 %	nach Fertigstellung des Rohbaus
6,4 %	nach Fertigstellung von Dach und Dachrinnen
2,4 %	nach Rohinstallation der Heizung
2,4 %	nach Rohinstallation der Sanitäranlagen
2,4 %	nach Rohinstallation der Elektrotechnik
8,0 %	nach Einbau und Verglasung der Fenster
4,8 %	nach Innenputz (ohne Beiputzarbeiten)
2,4 %	nach Estrichverlegung
3,2 %	nach Fliesenarbeiten im Sanitärbereich

9,6 %	nach Bezugsfertigkeit und Übergabe
2,4 %	nach Fertigstellung der Fassade
4,0 %	nach vollständiger Fertigstellung und Abnahme

Diese Teilbeträge müssen zu maximal sieben Raten zusammengefasst werden. Die Höchstbeträge dürfen nur dann überschritten werden, wenn der Baubetreuer eine selbstschuldnerische Bürgschaft einer Bank vorlegt, um diese Vorauszahlungen abzusichern. Das bedeutet in der Praxis: Haben Sie Vorauszahlungen geleistet, wenn der Bauträger während der Bauphase in Konkurs geht, können Sie diese Zahlungen für nicht abgeschlossene Arbeiten von der bürgenden Bank zurückholen.

Maximal sieben Raten

Der Generalübernehmer

Viel Ähnlichkeit – nicht nur bei der Bezeichnung – hat der Generalübernehmer mit dem Generalunternehmer. Doch während der Generalunternehmer zumindest einen Teil der Bauarbeiten selbst ausführt, vergibt der Generalübernehmer alle Gewerke an Subunternehmen. Daher sind in diesem Segment oft Makler oder Bauingenieure tätig, die keinen eigenen Handwerksbetrieb im Hintergrund haben.

Für Sie als Bauherr kann damit ein gewisses Risiko verbunden sein, denn die Tätigkeit als Generalübernehmer erfordert keine gesetzliche Mindestqualifikation wie beispielsweise einen Meisterbrief oder einen Berufsabschluss als Architekt oder Bauingenieur. Prüfen Sie in diesem Fall daher besonders kritisch die Erfahrung und die Referenzen des Anbieters!

Keine Mindestqualifikation

Der Bauträger

Der Kauf vom Bauträger ist vor allem bei Reihenhäusern und Doppelhaushälften die klassische Form des schlüsselfertigen Bauens. Die Planung steht bereits, die Baugenehmigung ist erteilt, und der schlüsselfertige Festpreis steht auch schon fest. Der wichtigste Unterschied zu den beiden zuvor beschriebenen Varianten besteht darin, dass Sie das Grundstück nicht selbst erwerben, sondern dass dieses im Festpreis enthalten ist.

Damit muss – im Gegensatz zum Auftrag des Generalüber- oder -unternehmers – der komplette Vertrag notariell beurkundet werden. Auch der Bauträger muss sich an die Makler- und Bauträgerverordnung halten und darf ohne die Stellung einer Bürgschaft nur Zug um Zug nach Baufortschritt abrechnen. Weil hier jedoch das Grundstück im Kaufpreis inbegriffen ist, gelten andere Raten als bei der Baubetreuung:

30,0 %	nach Beginn der Erdarbeiten
28,0 %	nach Fertigstellung des Rohbaus
5,6 %	nach Fertigstellung von Dach und Dachrinnen
2,1 %	nach Rohinstallation der Heizung
2,1 %	nach Rohinstallation der Sanitäranlagen
2,1 %	nach Rohinstallation der Elektrotechnik
7,0 %	nach Einbau und Verglasung der Fenster
4,2 %	nach Innenputz (ohne Beiputzarbeiten)
2,1 %	nach Estrichverlegung
2,8 %	nach Fliesenarbeiten im Sanitärbereich
8,4 %	nach Bezugsfertigkeit und Übergabe
2,1 %	nach Fertigstellung der Fassade
3,5 %	nach vollständiger Fertigstellung und Abnahme

Auch der Bauträger muss daraus maximal sieben Raten zusammenbasteln und den Zahlungsplan in den Notarvertrag mit aufnehmen. Hier ein durchaus gängiges Beispiel für einen Zahlungsplan beim Bauträgerkauf:

30,0 %	nach Beginn der Erdarbeiten
28,0 %	nach Fertigstellung des Rohbaus
11,9 %	nach Fertigstellung von Dach und Dachrinnen sowie Rohinstallation von Heizung, Sanitär- und Elektroanlagen
11,2 %	nach Einbau und Verglasung der Fenster und Innenputzarbeiten
7,0 %	nach Estrichverlegung, Fertigstellung der Fliesen im Sanitärbereich und Abschluss der Fassadenarbeiten
8,4 %	nach Bezugsfertigkeit und Übergabe
3,5 %	nach vollständiger Fertigstellung und Abnahme

Der Bauträger selbst muss nicht unbedingt vom Fach sein – er hat gemäß Makler- und Bauträgerverordnung lediglich nachzuweisen, dass er in geordneten Verhältnissen lebt und nicht vorbestraft ist. Die bautechnische Qualifikation wird leider nicht geprüft, und so tummeln sich so manche fragwürdige Anbieter am Markt. Weil Sie auf die Auswahl der Handwerker keinerlei Einfluss haben und bei Reklamationen der Bauträger Ihr alleiniger Ansprechpartner ist, steht und fällt der Erfolg des Erwerbs beim Bauträger mit dessen Zuverlässigkeit und Qualifikation. Lassen Sie sich auch hier Referenzobjekte nennen und holen Sie darüber so viele Informationen ein wie möglich.

Kein Einfluss auf Handwerkerauswahl

Auch hier gilt die Devise, dass Ihr Eigenheim nicht für Experimente herhalten sollte. Setzen Sie lieber auf bewährte und bekannte Bauträger, die ihre Qualität schon unter Beweis gestellt haben, als auf Neulinge mit scheinbar verlockenden Konzepten.

Es ist nämlich schon allzu oft vorgekommen, dass nach kurzem Intermezzo ein neuer und unerfahrener Bauträger wieder vom Markt verschwunden ist und als „Altlast“ verärgerte Bauherren auf dem von ihm verursachten Pfusch sitzen ließ. Vor Vertragsabschluss sollten Sie bei der Wirtschaftsaufkunftei Informationen über die wirtschaftliche Situation des Bauträgers einholen. Das kostet eine Gebühr von etwa 150 bis 250 Euro. Sie finden Wirtschaftsauskunfteien unter diesem Stichwort im Branchenverzeichnis des Telefonbuchs.

Der Kauf eines Fertighauses

Der umgangssprachliche Begriff „Fertighaus“ ist keineswegs eindeutig definiert. Deshalb hier vorab zunächst eine Definition: Beim Fertighaus werden wesentliche Bauteile im Werk vorgefertigt und von einem Bauteam in relativ kurzer Zeit (Bauzeit auf der Baustelle im Durchschnitt zirka ein bis drei Monate) auf der Baustelle montiert. Anschließend werden nur noch bestimmte Innenausbauarbeiten durchgeführt. Die Bereitstellung der Hauptlieferungen und Bauleistungen erfolgt von einem Unternehmer, dem Generalübernehmer. Das Fertighaus kann Ihnen als Käufer schlüsselfertig oder in verschiedenen Ausbaustufen übergeben werden. Der Fertighausanbieter oder Generalübernehmer erstellt Ihnen als Bauherr also ein Wohngebäude auf Ihrem Grundstück.

Kurze Bauzeit

Unterschreiben Sie also den Vertrag für ein Fertighaus erst dann, wenn Sie das Baugrundstück erworben haben und sicher sind, dass das gewünschte Fertighaus auch auf das Grundstück passt beziehungsweise darauf errichtet werden darf. Für den Fall, dass Sie den Grundstückskauf vor dem Hauskauf nicht ganz unter Dach und Fach bekommen, sollten Sie ein kostenloses Rücktrittsrecht im Vertrag mit dem Fertighausanbieter vereinbaren.

Erst die Bedarfsplanung, dann die Haussuche

Musterhaussiedlungen

Auch wer sich als Bauherr für ein Fertighaus entscheidet, muss zunächst mit einer Bedarfsplanung beginnen. Danach können Sie sich auf die Suche nach geeigneten Häusern machen. Angebote finden Sie im Immobilienteil der Tageszeitung, in Fachzeitschriften und im Internet. Adressen von Musterhäusern erhalten Sie von den Anbietern oder Herstellerverbänden. In Fertighaus-Ausstellungen (so genannte Musterhaus-Siedlungen) sind meist Häuser verschiedener Hersteller errichtet, sodass Sie direkt vergleichen können.

Diese Hausbesichtigungen haben den Vorteil, dass die Besichtigung im 1:1-Maßstab einfacher und leichter als das Lesen von Plänen und Grundrissen ist. Aber lassen Sie sich nicht beeindrucken oder ablenken von aufwändigen Häusern mit viel Schnick-Schnack. Diese entsprechen nur in den seltensten Fällen den Bedingungen eines durchschnittlichen Geldbeutels.

Wichtig ist, dass Sie sich die Quadratmeter-Wohnfläche nennen lassen und den Preis pro Quadratmeter Wohnfläche überschlagen. Lassen Sie sich die Bau- und Leistungsbeschreibung geben und fragen Sie, was zur Grundausstattung des Hauses zu dem genannten Festpreis gehört (zum Beispiel Fenster, Heizkörper, Steckdosen, Badewanne, Fußbodenbeläge etc.) und was im Gegensatz dazu teure Zusatzausstattung ist.

Häufig werden Musterhäuser mit höherwertigen Materialien ausgestattet, die nicht zur Ausstattung und zum Festpreis des abgebotenen Hauses gehören.

Musterhaus mit Extras

Auch auf einen guten, funktionalen und platzsparenden Hausentwurf sollten Sie achten. Bei den Fertighausanbietern finden Sie auch schlechte Entwürfe und vieles, das qualitativ dazwischen liegt. Am besten, Sie begeben sich mit Papier und Stift sowie einem Zentimetermaß zur Besichtigung, um alles Wichtige schriftlich festzuhalten.

Zwar bieten die meisten Hersteller standardisierte Haustypen an. Doch diese können dank flexibler Fertigungsmethoden in aller Regel problemlos an Ihre speziellen Wohnvorstellungen angepasst werden, sofern die Tragkonstruktion davon nicht betroffen ist und die Grundkonzeption bestehen bleibt. Der Standardgrundriss ohne Änderungsmöglichkeit gehört damit längst der Vergangenheit an.

Die Außenfassade wird je nach Geschmack des Bauherren verputzt, verklinkert oder mit Holz verkleidet.

Schwieriger Vergleich

Nach ersten Eindrücken und Besichtigungen beginnt dann die schwierige Phase des Preis-Leistungs-Vergleichs. Grundlage dafür ist die Bau- und Leistungsbeschreibung des Fertighauses. Wenn Sie daran Dinge ändern wollen, müssen Sie diese erst Ihren Wünschen anpassen und anschließend den Festpreis neu ermitteln lassen.

Falls Sie kostensparend bauen wollen, sehen Sie sich vor dem Vertragsabschluss die Grundausstattung an und überlegen Sie genau, was Sie brauchen, und worauf Sie verzichten können. Können Sie beispielsweise auf einen Balkon verzichten, wenn Terrasse und Garten vorhanden sind? Sie können im Obergeschoss zum Beispiel auch Fenstertüren einsetzen und durch ein Stahlgitter absichern. Dann haben Sie später immer noch die Möglichkeit, einen Balkon außen vorzusetzen. Erker und Gauben sind teuer und deren Wärmedämmung noch mehr. Auch eine Klinkerfassade ist in der Regel teurer als eine Putzfassade. Möglicherweise könnten Sie auch auf den Keller verzichten und statt einer Garage einen Carport wählen.

Was gehört zur Grundausstattung?

Es gehört zur gängigen Praxis beim Fertighauskauf, dass der Anbieter mit Ihnen erst den Vertrag über die Grundausstattung abschließt und dann einige Monate vor der Errichtung des Hauses die endgültige Ausstattung detailliert festlegt. In einem großen Baumarkt oder im firmeneigenen Ausstattungszentrum werden Ihnen dann bei der so genannten Bemusterung die zur Grundausstattung gehörenden Ausstattungsleistungen gezeigt. Dazu gehören beispielsweise Heizkörper, Steckdosen, Türen und Fußbodenbeläge mit allen lieferbaren Varianten und auch qualitativ höherwertigen Alternativen, die Sie gegen Aufpreis bekommen.

TIPP

Erst planen dann verhandeln

Wenn Sie kostensparend bauen wollen, sehen Sie sich schon vor dem Vertragsabschluss die Grundausstattung an. Überlegen Sie dann, was sie brauchen, und führen Sie die Bemusterung vor dem Vertragsabschluss durch. Ihr Vorteil: Dann haben Sie bessere Verhandlungschancen.

Fertighäuser werden inzwischen nicht nur zum Einzug „fertig", sondern auch in einer Vielzahl von Ausbaustufen angeboten, da Interessenten über Eigenleistungen den Hauspreis reduzieren und Kosten sparen wollen.

Fragen Sie deshalb auf jeden Fall bei den Hausanbietern nach, welche Leistungen zur Fertigstellung noch fehlen.

Selbstverständliches kostet oft extra!

Bei manchen Anbietern sind eigentlich selbstverständliche Bauelemente wie Rollläden, Bodenbeläge oder Heizkessel nicht im Festpreis inbegriffen. Beim Vergleich mit echten Komplettangeboten müssen solche Kosten, die schnell den mittleren fünfstelligen Bereich erreichen können, dazugerechnet werden. Der so genannte Festpreis beim schlüsselfertigen Bauen ist oft Augenwischerei, da durch Sonderleistungen viele Kosten hinzukommen. Gerade über den so genannten Festpreis und die darin nicht enthaltenen Leistungen vergrößert der Anbieter seinen Gewinn.

Prüfen Sie deshalb vor der Vertragsunterzeichnung mit dem Hausanbieter sorgfältig die Baubeschreibung, damit Sie nicht am Ende zum so genannten Festpreis jede Menge Sonderleistungen zusätzlich finanzieren müssen.

Wie lange gelten Festpreise?

Außerdem gelten die Festpreise nicht für einen unbegrenzten Zeitraum. Je nach Fertighausanbieter enthalten die Verträge Festpreisgarantien mit sehr unterschiedlicher Dauer. Manche Anbieter sichern den Festpreis für sechs Monate zu, andere neun, zwölf, 13 oder auch 16 Monate. Da kann es in der Praxis eng werden, wenn der Bau des Kellers, die Montage des Hauses und der Innenausbau nicht reibungslos ablaufen. Immerhin vergehen schon einmal bis zu drei Monate, bis die Baugenehmigung erteilt ist und der Beginn der Erdarbeiten erfolgen kann.

Unterschiedliche Fristen

Über den Beginn und das Ende der Frist finden sich in den Verträgen der Fertighausanbieter zum Teil ziemlich ungenaue Angaben, wie zum Beispiel „ab Vertragsunterzeichnung", „ab Baubeginn", „bis Bauende", „für die Bauzeit" etc. In anderen Klauseln finden Sie möglicherweise so genannte Preiserhöhungsvorbehalte. Diese sehen vor, dass der Hausanbieter trotz Festpreisbindung unter bestimmten Umständen – wie zum Beispiel der gesetzlichen Erhöhung der Mehrwertsteuer – den Hauspreis erhöhen kann. Einige Firmen knüpfen den Festpreis auch an Vorleistungen von Ihnen als Käufer. Das heißt sie bieten Ihnen unter der Voraussetzung, dass der Bauantrag innerhalb einer bestimmten Frist vorbereitet ist, einen Festpreis für die Dauer von zwölf Monaten an.

TIPP

Angemessen ist nur eine Festpreisdauer, die bis zur Abnahme des Hauses gilt. Falls sich diese Regelung nicht durchsetzen lässt, sollten Sie als Mindestfrist fünfzehn Monate vereinbaren. Achten Sie darauf, dass im Vertrag

Schützen Sie sich vor Preiserhöhungen

auch festgelegt ist, wie viel Sie als Käufer maximal zahlen müssen, wenn die Festpreisdauer überschritten wird und ob sie von einer definierten, unzumutbaren Preiserhöhung an ein Rücktrittsrecht haben.

Festpreis ab „Oberkante Kellerdecke"

In der Regel gilt beispielsweise für Fertighäuser in Holzbauweise der Festpreis ab „Oberkante Kellerdecke". Das bedeutet, das Fertighaus wird weder mit Bodenplatte noch mit Keller angeboten. Sie als Käufer müssen dann diese Leistung separat in Auftrag geben. Sie müssen also fast immer abwägen, ob Sie einen Keller oder nur eine Bodenplatte wollen. Dazu müssen Sie nicht nur die Kostendifferenz ermitteln, sondern auch klären, ob Sie Keller oder Bodenplatte selbst, in Eigenregie oder vom Fertighausanbieter errichten lassen.

Keller oder Bodenplatte

Einige Hausanbieter bieten den Bau des Kellers oder der Bodenplatte gegen Aufpreis an. In anderen Fällen bieten sie die technischen Merkblätter für die Bauausführung an, die Sie dem Vertrag mit der Kellerbaufirma dann zugrunde legen sollten. Natürlich können Sie diese Leistungen von dem Architekten oder Bauingenieur erbringen lassen, der auch den Bauantrag für Sie gestellt hat.

Wenn Sie den Keller von einem anderen Anbieter bauen lassen, denken Sie daran, dass dann zwei Unternehmen separate Gebäudeteile liefern, die auf der Baustelle erst zusammengefügt werden. Deshalb müssen sie genau aufeinander abgestimmt sein. Höhen- und Längendifferenzen des Kellers oder der Bodenplatte dürfen nur wenige Millimeter betragen, die im Keller untergebrachten haustechnischen Anschlüsse müssen nach Art und Lage der im Haus eingebauten sanitär-, elektro- und heizungstechnischen Anlagen übereinstimmen. Schließlich müssen auch Schornstein- und Deckendurchbrüche sowie -aussparungen passgenau stehen, und die Wandübergänge an der Kellerinnentreppe dürfen nicht hervortreten. Diese Anforderungen sollten Sie unbedingt mit beiden Unternehmen vertraglich festlegen.

Ein Verantwortlicher

Wenn Sie den Keller auch vom Fertighaushersteller errichten zu lassen, hat dies den Vorteil, dass Sie bei Problemen mit Terminen oder Maßen nur einen einzigen Ansprechpartner haben. Damit können Sie vermeiden, dass sich Fertighaus- und Kellerhersteller auf Ihre Kosten gegenseitig die Schuld in die Schuhe schieben wollen.

Zu den Leistungen, die im Zusammenhang mit der Gründung des Hauses und der Schnittstelle zwischen Keller und Haus im Festpreis ab Oberkante Kellerdecke nicht oder nicht immer enthalten sind, gehören:

- Herrichten der Baustelle
- Ausheben der Baugrube
- Abtransport und Deponierung des Erdaushubs
- Gründung (Fundamente oder Bodenplatte)
- Bau des gesamten Kellers und der Kellerdecke
- Kelleraußen- und innentreppe
- Sämtliche Hausanschlüsse für Gas, Strom, Wasser und Telefon
- Elektroinstallationen und Wasseranschluss im Keller
- Leitungsführung von den Gas-, Wasser- und Strom-Hausanschlüssen zum Zählerkasten im Erdgeschoss oder zur Heizungsanlage, falls sich Hausanschlüsse und Heizung im Keller befinden.

Die Auswahl des Anbieters

Bei der Auswahl des Anbieters sollten Sie sowohl auf die Vertragsgestaltung als auch auf die Bauqualität achten. Dazu gehören kundenfreundliche Zahlungsmodalitäten ebenso wie Großzügigkeit bei der Gewährleistung. Während Massivhausanbieter eine fünfjährige Gewährleistungsfrist einhalten müssen, dürfen Fertighaushersteller die Garantiezeit auf zwei Jahre verkürzen, sofern sie ihre Leistungen nach der „Vergabe- und Vertragsordnung für Bauleistungen" (VOB) anbieten. Platzt beispielsweise nach drei Jahren eine Wasserleitung wegen eines Materialfehlers, kann der Kunde bei einem VOB-Vertrag keine Reklamationsansprüche mehr geltend machen. Da viele Mängel am Bau erst nach einigen Jahren bemerkt werden, ist für den Kunden auch bei Verträgen nach der VOB eine auf fünf Jahre verlängerte Gewährleistungsfrist die bessere Alternative.

Pfand für Reklamation

Auch bei den Zahlungsmodalitäten gibt es große Unterschiede: Manche Anbieter verlangen nur minimale Anzahlungen und stellen den Löwenanteil erst nach Montage oder Innenausbau in Rechnung, während andere Firmen bis zu 60 Prozent des Kaufpreises gleich am ersten Aufstellungstag einsacken. Ideal für Sie als Bauherr ist es, wenn nach dem Prinzip „Erst die Leistung, dann das Geld" abgerechnet wird und mindestens 3 Prozent der Bausumme bis zur Endabnahme als Pfand für eventuelle Reklamationen einbehalten werden dürfen.

Wenn Vorauszahlungen zu leisten sind, sollten sie auf jeden Fall über eine Bankbürgschaft abgesichert sein. Ansonsten wäre im Fall einer Pleite des Fertighausanbieters Ihre Anzahlung unwiederbringlich verloren.

Besuchen Sie die Fabrik

Beim Besuch einer der vielen Musterhausausstellungen im ganzen Bundesgebiet können Sie sich darüber informieren, wie die Angaben aus der Baubeschreibung in die Praxis umgesetzt werden. Darüber hinaus ist es ratsam, vor der Entscheidung Referenzen anzufordern – bekanntermaßen sind zufriedene Kunden ein zuverlässigerer Qualitätsbeweis als blumige Werbeprospekte. Eine weitere Möglichkeit, sich von der Qualität des Herstellers zu überzeugen, bietet ein Besuch der Fertigungsstätte oder einer Baustelle. Solch eine Besichtigung ist für den Kunden sehr aufschlussreich – und ein seriöser Hersteller lässt sich beim Bauen auch gerne über die Schulter schauen.

Um Bauherren Orientierung bei der Qualität zu verschaffen, haben die Verbände der Fertighausanbieter Gütesiegel geschaffen, mit denen die Einhaltung von bautechnischen Mindeststandards gesichert werden soll.

QDF: Die „Qualitätsgemeinschaft Deutscher Fertigbau" (QDF) überprüft die Mitglieder des Bundesverbands Deutscher Fertigbau bei Planung und Herstellung. Die Anforderungen sind unter anderem: Überwachung von Fabrik und Baustelle, Vermeidung von umwelt- und gesundheitsschädigenden Baustoffen, Mindeststandards bei Wärme- und Schallschutz. Eine Ombudsstelle bietet Bauherren die Möglichkeit, Streitigkeiten kostenlos schlichten zu lassen. Die Entscheidung ist für den Hersteller bindend, der Kunde kann im Zweifelsfall immer noch den Rechtsweg beschreiten.

RAL: Die Bundes-Gütegemeinschaft Montagebau und Fertighäuser (BMF) überprüft die Qualität nach dem bundesweit anerkannten RAL-Standard für Holzbauteile, dessen Kriterien vom Deutschen Institut für Gütesicherung und Kennzeichnung entwickelt und geprüft werden. Allerdings werden nur die Fabriken, nicht aber die Baustellen kontrolliert.

GÜF: Die Gütegemeinschaft Fertigkeller sichert ihren Kunden kontrollierte Bauqualität nach den RAL-Standards für den Betonbau zu.

In aller Kürze hier nochmals die Plus- und Minuspunkte beim Fertigbau:

+	Kurze Bauzeit
+	Bei hochwertigen Herstellern strenge Qualitätskontrollen
+	Geringer zeitlicher Aufwand für den Bauherren
–	Eingeschränkter Gestaltungsspielraum

- Bei manchen Anbietern für den Bauherren nachteilige Vertragsgestaltung
- Qualitätsrisiken beim Übergang von Keller zum Haus

Wie Sie bei Terminverzögerungen und Mängeln reagieren sollten

Terminverzögerungen beim Bauen sind nicht nur ärgerlich, sondern auch teuer. Denn wenn Sie zur Miete wohnen, ist die Folge, dass Sie über einen längeren Zeitraum als geplant die Doppelbelastung aus Miet- und Zinszahlung verkraften müssen. Natürlich ist beim gesamten Bauprojekt eine Terminüberschreitung um zwei oder drei Wochen nicht tragisch – aber wenn sich die Monate summieren, wird es ernst.

Blockierte Folgeleistungen

Das Problem beim Bauen liegt darin, dass die einzelnen Handwerkerleistungen wie Zahnräder ineinander greifen. Damit blockiert ein unzuverlässiger Dienstleister unter Umständen eine ganze Reihe von Folgearbeiten. Verspätet sich der Installateur, können weder Stuckateur noch Estrichleger mit ihrer Arbeit pünktlich beginnen, ganz zu schweigen von den am Innenausbau beteiligten Handwerkern.

Sie sollten bei Vertragsabschluss daher unbedingt die pünktliche Fertigstellung sichern. Ein probates Mittel hierzu ist die Vereinbarung eines Fixtermins mit Vertragsstrafe bei Nichteinhaltung. Der Vorteil für Sie als Kunde ist, dass Sie die sonst erforderliche Prozedur mit Mahnung, Fristsetzung und Nachweis des entstandenen Schadens umgehen können. Wer seine Arbeit nicht pünktlich abschließt, muss eben bezahlen – und zwar für jeden Tag oder jede Woche Verspätung einen vorher vereinbarten festen Betrag. Voraussetzung dafür ist, dass die Vertragsstrafe ausdrücklich im Vertrag vereinbart ist und dass als Fertigstellungstermin ein festes Fertigstellungsdatum fixiert wird.

Auch beim schlüsselfertigen Bauen oder beim Kauf eines Fertighauses sollten Sie auf eine Regelung im Vertrag achten. Weil der Bauträger bzw. Hauslieferant Ihr einziger Ansprechpartner ist, beziehen sich die Fixtermine in solchen Fällen auf die Fertigstellung des Hauses. Das Fertigstellungsdatum wird von vornherein verbindlich festgelegt, und mit jedem Monat Verzögerung ist automatisch ein genau definierter Preisnachlass verbunden.

Solche Vereinbarungen sind nur wirksam, wenn sie fester Bestandteil des Vertrags sind. Beim Kauf eines Fertighauses oder dem Vertrag mit einem Generalunternehmer gehört diese Klausel in den schriftlichen Werkvertrag, beim schlüsselfertigen Kauf vom Bauträger muss sie sogar im notariellen Kaufvertrag festgehalten werden.

Fester Vertragsbestandteil

Der zweite Knackpunkt beim Bauen ist die Qualität. Jahr für Jahr entstehen Milliardenschäden durch Pfusch am Bau – und längst nicht immer bekommt der geschädigte Bauherr Recht. Wenn Beweise fehlen oder Mängel nicht rechtzeitig reklamiert werden, kann Ihr Anspruch auf kostenlose Mängelbehebung unter Umständen verloren gehen.

Nach dem Werkvertragsrecht haben Sie Anspruch auf eine vertragsgemäße Leistung. Die Leistung gilt als nicht vertragsmäßig, wenn Mängel vorliegen und damit das Haus nicht die zugesicherten Eigenschaften hat oder mit Fehlern behaftet ist, die den Wert oder die Tauglichkeit mindern oder aufheben.

Der Dreh- und Angelpunkt für Reklamationen liegt in der Abnahme. Abnahme bedeutet, dass Sie die erbrachten Leistungen prüfen und als „im Wesentlichen vertragsgerecht" anerkennen und entgegennehmen. Bis zur Bauabnahme befinden Sie sich nämlich in einer sicheren Rechtsposition: Bevor die Handwerksleistung nicht ordnungsgemäß erbracht ist, kann der Auftragnehmer oder Hausverkäufer

Sichere Rechtsposition

kein Geld von Ihnen verlangen. Den Nachweis, dass seine Arbeit tatsächlich dem üblichen Qualitätsstandard entspricht, hat bis zur Fertigstellung im Streitfall der Handwerker zu erbringen.

Doch mit der Abnahme dreht sich der juristische Spieß zum Nachteil des Kunden um. Ab diesem Zeitpunkt beginnt nicht nur die Gewährleistungsfrist zu laufen, die bei Arbeiten an Bauwerken fünf Jahre und bei Verträgen nach der Vergabe- und Vertragsordnung für Bauleistungen (VOB) zwei Jahre beträgt. Kommt es zum Rechtsstreit, dann müssen Sie beweisen, dass der Handwerker geschlampt hat – und das kann schwierig werden, wenn Mängel nicht im Abnahmeprotokoll festgehalten werden. Ein typischer Fall: Wenn Sie bei der Abnahme Schmutzflecken an den Wänden übersehen, haben Sie bei der Reklamation schlechte Karten – der Handwerker kann sich auf das Abnahmeprotokoll berufen und behaupten, Sie hätten die Verschmutzungen nach der Übergabe selbst verursacht.

TIPP

Lassen Sie sich Zeit

Wenn Sie sich vor dem Verlust vor Gewährleistungsansprüchen schützen wollen, sollten Sie deshalb die Abnahme gründlich vorbereiten und die abzunehmenden Handwerkerarbeiten in aller Ruhe unter die Lupe nehmen. So ist es sinnvoll, schon am Tag vor dem eigentlichen Abnahmetermin einen Rundgang durch die Wohnung oder das Haus zu machen, die Maße nachzuprüfen und eventuelle Mängel vorab schriftlich festzuhalten. Dabei sollten Sie sich Zeit nehmen, um in aller Ruhe die Arbeiten sorgfältig prüfen zu können. Suchen Sie nicht nur nach Baumängeln, sondern untersuchen Sie auch die Funktionstüchtigkeit der Bauteile und haustechnischen Anlagen. Lassen sich Fenster und Türen richtig schließen, funktioniert die Heizung, läuft das Wasser ab etc.? Gegebenenfalls sollten Sie auch einen Fachmann wie z.B. den Architekten, als Begleiter mit auf die Baustelle nehmen. Das kostet zwar ein zusätzliches Honorar, aber diese Kosten sind überschaubar und schützen Sie vor Schwierigkeiten bei der Baustellenabnahme.

Auf jeden Fall sollten Sie eine 100-Watt-Handlampe mitnehmen.

Nehmen Sie eine Lampe mit!

Abnahmetermine finden oft in den Abendstunden statt, und die Räume sind nur schlecht ausgeleuchtet. Dann fallen im Dämmerlicht Mängel nicht so schnell auf.

Im Abnahmeprotokoll oder auf einer gesonderten Mängelliste werden dann alle Mängel schriftlich festgehalten – auch diejenigen, die Ihr Vertragspartner möglicherweise zunächst nicht als Mangel anerkennen will. Wichtig: Besteht wegen Terminverzugs gegenüber dem Bauunternehmen noch Anspruch auf eine Vertragsstrafe, muss dieser Vorbehalt unbedingt im Protokoll erwähnt werden. Mit der Abnahme erkennen Sie nämlich alle Leistungen an und verzichten auf Forderungen, die vor der Abnahme entstanden sind. Wird dann nicht ausdrücklich darauf hingewiesen, dass die Vertragsstrafe trotz Abnahme fällig wird, kann sie vor Gericht nicht mehr eingeklagt werden.

TIPP

Hilfreiche Dienste in Sachen Beweissicherung leistet bei der Abnahme ein Fotoapparat – am besten eine Sofortbildkamera.

Fotos als Beweis

Damit lassen sich offensichtliche Mängel sofort fotografisch festhalten, und das Bild kann gleich vor Ort gemeinsam mit dem Bauunternehmer beschriftet werden.

Gab es schon während der Bauphase Qualitätsprobleme, empfiehlt es sich, zur Abnahme einen neutralen Bausachverständigen hinzuzuziehen. Entsprechende Adressen können Sie in der Regel über die örtliche Industrie- und Handelskammer erfragen.

Auch wenn nach der Abnahme Mängel auftreten, können Sie diese gegenüber dem Handwerker oder Bauträger reklamieren. Wichtig dabei ist jedoch, dass die Reklamation direkt nach der Entdeckung des Fehlers erfolgt. Wer sich dabei zu viel Zeit lässt, muss unter Umständen einen Teil der Reparaturen selbst tragen. Das kann beispielsweise der Fall sein, wenn eine undichte Stelle im Dach erst Monate nach dem Auftreten der ersten Wasserflecken an der Zimmerdecke beanstandet wird und aufgrund der Verzögerung zusätzliche Reparaturarbeiten erforderlich sind.

Die schnelle Behebung von Fehlern liegt ja auch in Ihrem Interesse als Bauherr oder Käufer – und deshalb sollte schnell und auf jeden Fall schriftlich reklamiert werden. Zunächst einmal haben Sie als Kunde das Recht zur Nachbesserung. Das bedeutet: Sie müssen dem Auftragnehmer eine angemessene Frist einräumen, innerhalb derer der Mangel beseitigt werden muss.

Wenn Sie schon bei der Reklamation ein konkretes Datum als Fristablauf angeben und bei Nichteinhaltung Vertragsrücktritt oder Selbstabhilfe androhen, haben Sie bessere Karten als diejenigen, die den Handwerker lediglich auf den Fehler hinweisen.

Ist die Frist abgelaufen, können Sie die angekündigten Maßnahmen ergreifen und entweder vom Vertrag zurücktreten oder einen anderen Handwerker mit der Beseitigung des Mangels beauftragen. Beim Vertragsrücktritt muss der Auftragnehmer den kompletten Werklohn zurückzahlen, doch im Gegenzug darf er sämtliche eingesetzten Materialien wieder zurückholen. Gerade beim Bau ist das meist überhaupt nicht möglich, weil das Material beim Heraustrennen praktisch wertlos wird.

Selbsthilfe als letzte Lösung

Sinnvoller ist es daher, bei nicht erfolgter Nachbesserung selbst die Initiative zu ergreifen und einen anderen Handwerker mit den Ausbesserungsarbeiten zu beauftragen. Die daraus entstehenden Kosten dürfen dann dem ursprünglichen Auftragnehmer in Rechnung gestellt werden. Allerdings gilt: Die Selbstabhilfe ist erst möglich, wenn der Handwerker auf die Reklamation innerhalb der gesetzten Frist nicht reagiert. Dies gilt auch dann, wenn der Kunde mit dem Mangel leben kann und lediglich einen Preisnachlass fordert.

Bis zur erfolgten Nachbesserung dürfen Sie von der Rechnung das Dreifache dessen zurückhalten, was die Mängelbeseitigung voraussichtlich kosten wird. Diese Grenze sollten Sie auch einhalten – denn wenn Sie den kompletten Rechnungsbetrag zurückhalten, darf der Auftragnehmer nach Überschreiten der Zahlungsfrist für den unberechtigt einbehaltenen Anteil Verzugszinsen in Rechnung stellen.

Top-Tipps: Bauen ohne Grauen – der Neubau

- Neben dem Preis sind die wichtigsten Kriterien bei der Entscheidung für ein Grundstück: Lage, Zuschnitt, Infrastruktur und Bebaubarkeit.
- Achten Sie beim Grundstückskauf darauf, dass die Erschließungskosten bereits vollständig abgerechnet sind oder der Verkäufer die restlichen Kosten übernimmt.
- Prüfen Sie, ob eventuell der Grundstückserwerb in Form eines Erbbaurechts in Frage kommt.
- Wenn Sie mit einem Architekten bauen, sollten Sie sich darüber im Klaren sein, dass Sie mehr Zeit für die Planung sowie die Bau- und Kostenkontrolle investieren müssen als beim Bauen mit den anderen beschriebenen Baupartnern.
- Stellen Sie ohne Vorbehalte die Vor- und Nachteile einander gegenüber und überlegen Sie in aller Ruhe, welche Kriterien Ihnen bei der jeweiligen Bauweise besonders wichtig sind.
- Egal für welche Bauweise Sie sich entscheiden: Arbeiten Sie nur mit einem Anbieter zusammen, der Erfahrung und Kompetenz unter Beweis stellen kann.

- Schützen Sie sich mit Fixtermin und Vertragsstrafe gegen Verspätungen.
- Gehen Sie bei der Abnahme sorgfältig vor, und reklamieren Sie Mängel ohne Zeitverzögerung.
- Investieren Sie gegebenenfalls auch in zusätzliche Prüfungen, Beratungen und Begleitungen, insbesondere dann, wenn sich Probleme mit Ihrem Vertragspartner abzeichnen.

8 Damit Sie beim Kauf eines Altbaus nicht alt aussehen

Allein schon aus finanziellen Gründen ist der Altbau oft eine sinnvolle Alternative zum Bauen oder zum Kauf eines schlüsselfertigen neuen Hauses. Bei nicht allzu betagten Häusern, die gut gepflegt sind, kann bei fast vergleichbarem Instandhaltungsaufwand der Preisvorteil im Vergleich zum Neubau durchaus bei 10 oder 20 Prozent liegen.

Im günstigsten Fall brauchen Sie am Haus nicht viel zu verändern, wenn es bereits Ihrem Geschmack und Ihren Wohnbedürfnissen entspricht. Dann genügt es, die Wände neu zu streichen und vielleicht ein paar Teppichböden auszutauschen. Haben Sie darüber hinaus noch das Glück, dass die Gartenarbeit zu den Lieblingsbeschäftigungen des Vorbesitzers zählte, bekommen Sie den schön angelegten und gepflegten Garten „frei Haus" geliefert, ohne dass Sie ihn in mühevoller Arbeit erst anlegen müssen.

TIPP

Billiger Kauf, teure Sanierung

Doch es gibt natürlich auch das andere Extrem. So mancher Altbau muss von Grund auf saniert werden, und am Ende hat das fertig renovierte Haus mit dem vorigen vielleicht nur noch ein paar tragende Wände gemeinsam. Solche Häuser sind zwar billig in der Anschaffung, aber beim Renovieren wird es umso teurer.

Ob Sie sich nun für ein gepflegtes Haus eher neueren Baujahrs oder für das Sanierungsabenteuer entscheiden: Wichtig ist, dass Sie vor dem Kauf gründlich kalkulieren, wie viel Arbeit und finanzieller Aufwand noch auf Sie zukommen kann. Achten Sie daher schon bei der ersten Besichtigung auf Schwachstellen in der Bausubstanz.

Die Besichtigung

Für die Beurteilung der Lage des Hauses gelten die gleichen Kriterien wie auf Seite 87 f. beim Neubau beschrieben. Hinzu kommen beim Altbau nun noch die Aspekte zur Bausubstanz und zum Grundriss des Hauses. Und vergessen Sie nicht, sich auch die Nachbarschaft persönlich anzuschauen. Wenn Sie den Eindruck gewinnen, dass Spannungen zwischen Ihnen und den Nachbarn vorprogrammiert sind, ist dies ein wichtiger Aspekt, den es bei der Kaufentscheidung zu berücksichtigen gilt.

Der wichtigste Rat lautet: Führen Sie niemals eine Altbaubesichtigung unter Zeitdruck durch. Wer genügend Zeit mitbringt und die Immobilie in aller Ruhe bei hellem Tageslicht gründlich unter die Lupe nimmt, hat die besten Chancen, Mängel und Schäden rechtzeitig zu entdecken und deren Beseitigung vor dem Kauf zu klären. Sie sollten die Besichtigung auf jeden Fall mit einem Fachmann gemeinsam vornehmen, sobald es konkret wird. (Entsprechende Adressen finden Sie im Anhang, S. 219 ff.)

Außenanlagen, Fassade und Dach

Der erste Blick sollte gleich zu Beginn den Außenanlagen sowie der Substanz von Außenputz und Dach gelten. Hier können bereits Kostenfallen lauern, denn die Neuanlage von Wegen und Zufahrten kann unter Umständen ziemlich teuer werden.

Rissiger oder teilweise schon abgeblätterter Putz muss erneuert werden, bevor durch die eindringende Feuchtigkeit Schäden im Mauerwerk entstehen können. Oft sind Schäden am Putz auch ein Hinweis auf Schäden im Mauerwerk durch ein undichtes Dach, schadhafte Dachrinnen oder aufsteigende Feuchtigkeit. Dabei sollten Sie sich nicht von einer soeben frisch gestrichenen Fassade blenden lassen.

Schäden am Putz

Besonders wichtig bei der Begutachtung von außen ist der Zustand des Dachs. Wenn es keine Wölbungen oder Einsinkungen aufweist, können Sie davon ausgehen, dass das Dachgebälk noch in Ordnung ist. Dennoch sollten Sie sich auf der Innenseite beim Aufstieg auf den Dachboden nochmals vergewissern. Bei Häusern mit Flachdach ist damit zu rechnen, dass in regelmäßigen Abständen Sanierungsmaßnahmen nötig sind.

Die Kellerräume

Sehr aufschlussreich ist ein Rundgang durch die Kellerräume. Hier zeigt sich, ob das Haus ausreichend von unten gegen eindringende Feuchtigkeit geschützt ist. Riecht es modrig oder haben sich an den Kellerwänden bereits Wasserflecken, Schimmel- oder Salpeterausblühungen gebildet, lässt sich daraus auf mangelhafte Abdichtung oder fehlende Drainage schließen.

Veraltete Heizung

Hier haben Sie auch Gelegenheit, einen Blick auf Heizkessel und Warmwasserboiler zu werfen. Sind diese Geräte älter als zehn bis 15 Jahre, können Sie davon ausgehen, dass sie technisch veraltet sind. In diesem Fall müssen Sie bei Ihrer Renovierungsplanung die Anschaffungs- und Installationskosten für Neugeräte einkalkulieren.

Der Wohnbereich

Bei der Besichtigung des Wohnbereichs sind die kritischen Punkte bei der Bausubstanz und den Installationen zu suchen. Bodenbeläge, Tapeten oder Holzdecken lassen sich im Vergleich zu baulichen Veränderungen recht problemlos und kostengünstig erneuern. Doch selbst wenn die Wände in einem guten Zustand sind, kann es sein, dass Umbaumaßnahmen notwendig werden. Grund dafür sind die aus heutiger Sicht oft unpraktischen Grundrisse mit kleinen, dunklen Zimmern und verwinkelten Gängen. Nehmen Sie sich für die Prüfung des Grundrisses und für die eventuell erforderliche Umbauplanung mit allen Beteiligten zusammen ausreichend Zeit. Die Funktionalität des Grundrisses ist maßgeblich für ihre spätere Wohnzufriedenheit. Auch das

Thema Schallschutz sollten Sie nicht vernachlässigen und hellhörig werden, wenn Geräusche aus Nebenzimmern deutlich zu hören sind – denn mangelnde Schalldämmung kann auf die Dauer zur Plage werden. Der Wärmeschutzstandard ist ein weiterer wichtiger Aspekt – ein guter Wärmeschutz und eine luftdichte Außenhaut wirken sich positiv auf die Heizkostenabrechnung aus, die oft auch schon als „zweite Miete" bezeichnet wird. Das ist bei der Finanzierung zu berücksichtigen. Beim Wärmeschutz spielen der Wandaufbau, die Dämmung zu nicht beheizten Räumen wie Keller und Dach und auch die Fenster eine Rolle.

Energiepass

In Zukunft werden Hausbesitzer mit der Forderung nach Ausstellung eines Energiepasses konfrontiert, der Aufschluss über den Energieverbrauch des Hauses gibt – ähnlich wie der Bezinverbrauch beim Auto. Auch hier sollten Sie unbedingt fachliche Beratung hinzuziehen! Lassen Sie sich Heizkostenabrechnungen aus den beiden letzten Jahren zeigen und lassen Sie diese fachlich prüfen, z.B. von der Energieberatung der Verbraucherzentrale. (Die Anschrift finden Sie im Anhang auf Seite 220 f.)

Empfehlenswert ist in jedem Raum ein kurzer Blick an die Decke: Hängt sie durch, ist das Gebälk morsch und muss mit viel Aufwand saniert werden.

Schäden durch Schimmel

Viele Altbaubesitzer haben mit Schimmelbildung zu kämpfen. Sie kann verschiedene Ursachen haben: Falsches Lüftungsverhalten, aufsteigende Feuchtigkeit vom Kellergeschoss, ein undichtes Dach oder Wand- und Dachkonstruktionen, die so genannte Wärmebrücken enthalten. Bei umfangreicherem Schimmelbefall sollten Sie auf jeden Fall vor dem Kauf einen Fachmann mithinzuziehen, um die Ursachen festzustellen und zu beseitigen. Weil Schimmel tief in den Innenputz eindringt, ist es oft erforderlich, nach der Beseitigung der Ursache in den betroffenen Räumen den Putz abzutragen. Auf jeden Fall ist eine genaue Analyse der Ursache notwendig.

Fenster und Installationen

Wenn Sie die Fenster probeweise kurz öffnen und schließen, wissen Sie schnell, ob ein Austausch notwendig ist oder ob ein neuer Anstrich genügt. Der Einbau neuer Fenster ist dann erforderlich, wenn die alten Fenster klemmen, nicht mehr dicht schließen, verwittert sind oder noch die alte Einfachverglasung haben. Auch Kondenswasser in isolierverglasten Fenstern ist nicht nur ein Schönheitsfehler, sondern ein handfester Hinweis auf die Sanierungsbedürftigkeit.

Knackpunkt Installation

Elektro-, Wasser- und Heizungsinstallationen werden am schnellsten reparaturanfällig. Vor 20 oder 30 Jahren wurde die Elektroinstallation nicht auf den heutigen Bedarf ausgelegt, so dass heute oft das Anbringen von zusätzlichen Schaltern und Steckdosen notwendig wird. Beim Blick ins Bad und in die Küche sollten Sie kurz den Hahn für Kalt- und Warmwasser aufdrehen. Kommt nur ein mageres Rinnsal, sind die Leitungen verkalkt und müssen erneuert werden. Ein teurer Posten bei der Renovierung kann der Austausch von Heizkörpern und Heizungsrohren werden. Rostige Stellen, Spuren von rosthaltigem Wasser an den Heizungsrohren oder dunkle Flecken auf dem Boden unter den Heizkörpern sind sichere Anzeichen für Schäden im Heizungssystem.

Ein teurer Problemfall können Elektro-Einzelöfen älteren Baujahrs werden, die Asbest enthalten und zu horrenden Preisen entsorgt werden müssen. Am elegantesten lösen Sie dieses Problem, wenn der Verkäufer die komplette Entsorgung übernimmt.

Checkliste Altbaubesichtigung

Außenanlagen und Gebäudehülle:	
Sind die Zufahrt- und Fußwege auf dem Grundstück in einem guten Zustand?	
Ist das Grundstück gepflegt?	
Ist der Außenputz frei von Rissen und abgeplatzten Stellen?	
Wie ist der Zustand von Dachrinnen und Fallrohren?	
Sind die Dachziegel noch einwandfrei und nicht verrutscht, und weist das Dach keine Unebenheiten oder Einsinkungen auf?	
Ist das Dach fachgerecht isoliert und ausreichend wärmegedämmt?	
Kellerräume:	
Weist ein modriger Geruch auf Feuchtigkeitsprobleme hin?	
Gibt es an den Wänden feuchte Stellen oder Salpeterausblühungen?	
Sind alle Heizungs- und Wasserrohre fachgerecht isoliert?	
Sind Heizkessel und Warmwasserboiler auf aktuellem technischem Stand?	
Wohnräume:	
In welchem Umfang muss der Grundriss abgeändert werden, damit das Haus Ihren Bedürfnissen entspricht?	
Müssen Wand- und Bodenbeläge komplett bzw. teilweise erneuert werden?	
Schließen die Fenster noch dicht, und handelt es sich zumindest um Fenster mit Isolierverglasung?	
Wie ist der Wärmeschutz insgesamt und wie die Luftdichtigkeit des Hauses? Ggf. sollten Sie einen Blower-door-Test durchführen lassen.	
Wie erfolgt die Warmwasseraufbereitung? Durch teuren Strom?	
Müssen die Innentüren ausgetauscht werden?	
Sind Heizkörper und Heizungsrohre noch vollkommen in Ordnung?	

Sind alle Wasserrohre frei von Verkalkungen?	
Sind in Bad, Toilette oder Küche größere Umbauten oder Neuinstallationen erforderlich?	
Reicht die Anzahl der Steckdosen aus oder ist eine Erweiterung der Elektroinstallationen erforderlich?	

Was bei der Renovierung auf Sie zukommt

Je älter das Haus, desto größer ist meist die Renovierungsbedürftigkeit. Deshalb ist es ratsam, zumindest in groben Zügen schon vor dem Kauf Kosten und Dauer der Renovierungsarbeiten abzuschätzen. Wenn Sie erst nach dem Kauf den Zustand Ihres Traumhauses auf Herz und Nieren prüfen, werden Sie mit Sicherheit eine böse Überraschung erleben.

In welchem Umfang Renovierungsarbeiten notwendig sind, hängt ganz davon ab, wie der allgemeine Zustand des Hauses aussieht, wie alt das Gebäude ist und welche Renovierungen bereits in den letzten Jahren durchgeführt worden sind. Achten Sie unbedingt darauf, ob das Haus unter Denkmalschutz steht, denn das bedeutet, dass für Nutzung, Umbau und Erweiterung besondere Auflagen seitens der Behörde bestehen. Diese Auflagen können die Nutzung einschränken und die Kosten hoch treiben (siehe dazu Seite 139). Wenn es sich um reine Schönheitsreparaturen handelt, können Sie – sofern Sie handwerklich einigermaßen begabt sind – den Aufwand selbst einschätzen. Sind umfangreichere Reparaturen durchzuführen, sollten Sie einen erfahrenen Handwerker zur Beurteilung hinzuziehen. Ist das Haus reif für eine Komplettrenovierung oder gar für einen Aus- oder Umbau, gehört der Architekt bereits im Vorfeld zur Abschätzung der Umbau- und Renovierungskosten dazu.

Gefahren für Heimwerker

Auch wenn Sie ein begabter und begeisterter Heimwerker sind: Gefahrenbereiche bei der Renovierung wie die Elektroinstallation oder das

Verlegen von Gasleitungen gehören in die Hände von qualifizierten Fachleuten!

Wenn Sie feststellen, dass es in Ihrer finanziellen Planung eng wird, sollten Sie bei Ihren Renovierungswünschen prüfen, welche Maßnahmen sofort durchgeführt werden müssen – wie zum Beispiel die Sanierung eines schadhaften Daches – und mit welchen Maßnahmen Sie sich noch Zeit lassen können, wie zum Beispiel mit dem Ausbau des Dachgeschosses für die heranwachsenden Kinder.

TIPP *Nicht ohne Reserven planen*

Stellen Sie bei der Kalkulation sicher, dass Ihr Renovierungsetat ausreichend Reserven für ungeplante Zusatzarbeiten oder Kostensteigerungen enthält – denn damit ist fast bei jeder größeren Sanierung zu rechnen.

Wichtig ist auch die Frage, ob ein Teil der von Ihnen vorgesehenen Renovierungsarbeiten vom Bauamt genehmigt werden muss. Wenn Sie bereits vorhandene Teile des Hauses erneuern, ist dies in der Regel nicht genehmigungspflichtig. Schaffen Sie jedoch durch einen Ausbau zusätzlichen Wohn- oder Nutzraum, so muss dies von der Baubehörde genehmigt werden. Die entsprechenden Bauvorschriften sind äußerst vielschichtig und – da sie meist auf Kreis- oder Gemeindeebene herausgegeben werden – nur lokal anwendbar und nicht zu verallgemeinern. Deshalb sollten Sie, wenn es an die Bausubstanz geht, rechtzeitig einen Architekten einschalten, der sich gemeinsam mit Ihnen um die Erteilung der entsprechenden Genehmigungen bemüht.

Genehmigungsfrei sind zum Beispiel der Austausch von alten Fenstern durch neue oder Sanierungsmaßnahmen in Innenräumen. Gehmigungspflichtig sind hingegen Anbauten wie Wintergärten oder Garagen, Tankanlagen für Heizöl, Dachaufstockungen und Dachgauben.

Wenn Sie selbst nicht über umfassende Erfahrung beim Bauen und Sanieren verfügen, sollten Sie die nachfolgende Ersteinschätzung gemeinsam mit einem Baufachmann durchgehen, um vor der Kaufentscheidung den Kostenrahmen für Renovierung und Sanierung abschätzen zu können.

Ersteinschätzung Renovierungskosten

Gewerk	Notwendige Arbeiten	Kosten ca.	evtl. Einsparung durch Eigenleistung
Mauerwerk			
Fassade			
Dach			
Balkon / Terrasse			
Fenster			
Heizung und Heizkörper			
Bodenbeläge			
Maler- und Tapezierarbeiten			
Türen			
Elektroinstallationen			
Sanitäre Installationen			
Innenausbau (z.B. Küche, Einbaumöbel)			
Außenanlagen			
Sonstiges			
Zwischensumme			
+ Reserve (10 % – 20 %)			
Gesamtsumme			

Vorsicht Denkmalschutz!

Wenn Ihr Traumhaus unter Denkmalschutz steht, können Sie davon ausgehen, dass alle Renovierungsmaßnahmen, die von außen sichtbar sind, von der örtlichen Denkmalschutzbehörde genehmigt werden müssen. Dann kann es Ihnen passieren, dass Ihnen die Farbe der Fassade vorgeschrieben wird, dass Sie nur eine ganz bestimmte Sorte von Dachziegeln verwenden dürfen oder dass Ihnen der Einbau eines zusätzlichen Fensters verweigert wird – auch wenn der Raum noch so dunkel ist.

Vor allem alte Häuser in Ortskerngebieten stehen häufig unter Denkmalschutz, was deren Renovierungsmöglichkeiten erheblich einschränkt und Ihnen meist zusätzliche Kosten verursacht, für die es allerdings – wie auf Seite 73 ausgeführt – auch finanzielle Fördermöglichkeiten gibt. Deshalb gilt: Erkundigen Sie sich rechtzeitig, ob das Haus, für das Sie sich interessieren, unter Denkmalschutz steht.

Liste gibt Aufschluss

Die zuverlässigste Informationsquelle für Fragen des Denkmalschutzes ist die jeweilige Gemeinde- oder Stadtverwaltung. Dort liegt die so genannte „Liste der Kulturdenkmäler" aus, der Sie entnehmen können, ob das Haus, für das Sie sich interessieren, unter Denkmalschutz steht.

Doch der Denkmalschutz hat nicht nur Nachteile: In den meisten Fällen kommen Sie in den Genuss von Renovierungszuschüssen aus der Stadt- oder Landeskasse, und unter gewissen Voraussetzungen können Sonderabschreibungen Ihre Steuerlast erleichtern. Das bedeutet: Wenn Sie sich für ein denkmalgeschütztes Haus interessieren, sollen Sie nicht nur den bautechnischen Fragen besondere Aufmerksamkeit widmen, sondern das Vorhaben auch detailliert mit einem Steuerfachmann besprechen.

Wer bei versteckten Mängeln haftet

Egal ob Sie Ihr Haus vom Bauträger oder Fertighausanbieter kaufen oder es mit einem Architekten bauen – entscheidend für Ihre Gewährleistungsrechte ist die Frage: Wurde der Bauvertrag auf Grundlage des Bürgerlichen Gesetzbuches (BGB) oder der Vertrags- und Vergabeordnung für Bauleistungen (VOB) geschlossen? Bei einem BGB-Vertrag beträgt die Gewährleistungszeit fünf Jahre, bei einem VOB-Vertrag vier Jahre (wenn nichts anderes vereinbart wurde). Doch welche Rechte haben Sie, wenn Sie ein älteres Haus kaufen und kurz nach dem Einzug vor ungeahnten Renovierungsüberraschungen stehen?

Zunächst einmal gilt die Grundregel, dass für Mängel, die innerhalb von fünf Jahren nach der Übergabe auftreten, der Verkäufer verantwortlich ist – so steht es nämlich im Bürgerlichen Gesetzbuch (BGB). Damit müsste eigentlich der Vorbesitzer ohne Murren alle reklamierten Mängel und Schäden in diesem Zeitraum auf eigene Kosten beheben lassen.

Gewährleistung wird ausgeschlossen

Schon an der Formulierung wird deutlich, dass dies in der Praxis meist nicht der Fall ist. Der Grund: Im notariellen Kaufvertrag wird diese Gewährleistungsklausel üblicherweise ausgeschlossen und sinngemäß durch den Grundsatz „Gekauft wie besichtigt, alle Risiken trägt jetzt der Käufer“ ersetzt, ausgenommen hiervon ist die Haftung für Personenschäden, die nicht ausgeschlossen werden kann.

Der Ausschluss der Gewährleistung ist ganz legal, und Sie können sich als Käufer gegen diese marktübliche Formulierung kaum zur Wehr setzen. Allerdings sollten Sie wissen, dass dieser Passus nur dann gilt, wenn dem Verkäufer selbst die betreffenden Schäden und Mängel zuvor nicht bekannt waren. Hat er Ihnen einen Mangel wissentlich verschwiegen, macht er sich der arglistigen

Täuschung schuldig und muss dafür trotz Gewährleistungsausschluss im Notarvertrag geradestehen.

Nehmen Sie Ihre Fragen an den Verkäufer zu möglichen Mängeln sowie seine Antwort, dass ihm hiervon nichts bekannt sei, in den Kaufvertrag auf. Die schriftliche Fixierung kann verhindern, dass hierüber später ein Streit entsteht. Dazu ein Beispiel: Der Vorbesitzer weiß, dass wegen eines undichten Abwasserrohrs in der Wand in mehreren Räumen Schimmelprobleme bestehen. Weil jedoch die Reparatur teuer ist und der Käufer einen Preisabschlag verlangen würde, bessert er die betroffenen Stellen an der Wand kurz vor dem Verkauf aus – wohl wissend, dass die alten Probleme in ein paar Monaten wieder auftauchen. In diesem Fall könnte der Käufer den Vorbesitzer erfolgreich dazu verklagen, die notwendige Reparatur fachgerecht auf eigene Kosten durchführen zu lassen.

Wie in unserem Rechtsstaat üblich, gilt auch hier der Grundsatz, dass die Schuld und nicht die Unschuld nachzuweisen ist. Wenn Sie dem Verkäufer nicht lückenlos beweisen können, dass er Sie wissentlich getäuscht hat, haben Sie auch keinen Anspruch auf Gewährleistung – denn wenn Sie einen Schaden bei der Besichtigung übersehen haben, liegt die Verantwortung bei Ihnen.

TIPP

Besichtigung ist unerlässlich

Daraus können Sie ersehen, wie wichtig eine sorgfältige Besichtigung ist. Nehmen Sie sich genügend Zeit, achten Sie auf gute Ausleuchtung der Räumlichkeiten, und lassen Sie keinen Raum vom Keller bis zum Dachboden aus!

Top-Tipps, damit Sie beim Altbau nicht alt aussehen

- Führen Sie die Altbau-Besichtigung niemals unter Zeitdruck durch, und gehen Sie anhand der Checkliste auf Seite 137 alle Bereiche sorgfältig durch.
- Schätzen Sie den Renovierungsaufwand sorgfältig ab, und lassen Sie dabei genügend Reserven für unvorhergesehene Arbeiten.
- Prüfen Sie, welche Renovierungsarbeiten genehmigungsfrei sind und für welche Arbeiten Sie eine Baugenehmigung brauchen.
- Informieren Sie sich über Restriktionen bei Umbau- und Sanierungsmaßnahmen für denkmalgeschützte Häuser, und erkundigen Sie sich über in Frage kommende öffentliche Fördermittel.
- Ziehen Sie Fachleute hinzu, die für Sie den Altbau begutachten (siehe Adressen im Anhang, S. 219 ff.).

9 Worauf es beim Wohnungskauf ankommt

Verschiedene Gründe können dafür sprechen, dass Ihr Weg zum Eigenheim nicht in das selbst gebaute oder renovierte Haus führt, sondern in eine Eigentumswohnung. Ein wichtiger Grund kann finanzieller Natur sein. Vor allem in Ballungsgebieten mit hohen Grundstückspreisen bleibt das eigene Haus angesichts astronomischer Investitionssummen für viele ein unerfüllbarer Traum. Selbst im Vergleich zu einem Reihenhaus mit vergleichbarer Wohnfläche ist eine Eigentumswohnung je nach Region meist um etwa zehn bis 20 Prozent günstiger – unter Umständen kann dies bei der Finanzierung genau der Betrag sein, der über die Machbarkeit entscheidet.

Ein weiterer Grund kann darin liegen, dass Sie lieber zentrumsnah in einer Großstadt als in einem weiter entfernten Wohnviertel leben wollen. In den Zentren großer Städte ist der Eigenheimmarkt oft fast ausschließlich auf Eigentumswohnungen beschränkt – es sei denn, Sie haben den Jackpot im Lotto geknackt und können sich eine millionenteure Stadtvilla leisten.

Weniger Aufwand

Für manchen kann auch der Aspekt ausschlaggebend sein, dass eine Wohnung deutlich weniger Arbeit macht als ein Haus. Die Außenanlagen werden vom Hausmeister gepflegt, die Renovierungsarbeiten werden von der Hausverwaltung organisiert – wer viel unterwegs ist oder aufgrund seines fortgeschrittenen Alters seine noch zur Verfügung stehende Energie lieber anderweitig einsetzen will, weiß solche Vorzüge zu schätzen.

In den beiden vorhergegangenen Kapiteln sind bereits einige Punkte ausführlich abgehandelt worden, die auch beim Kauf einer Eigentumswohnung relevant sind. Daher finden Sie hier nun eine kurze Zusammenfassung der Passagen, auf die bereits in den Kapiteln 7 und 8 ausführlich eingegangen wurde und die Sie dort nachschlagen können.

Lage und Umgebung

Was in auf Seite 85 ff. zur Auswahl des Grundstücks angeführt wird, trifft sowohl beim Hausbau wie auch beim Wohnungskauf zu. Ob Haus oder Wohnung: Die Qualität der Lage ist ein wichtiges Entscheidungskriterium beim Erwerb des Wohneigentums.

Neubauwohnungen vom Bauträger

Wenn Sie sich für eine noch nicht fertig gestellte Neubauwohnung entscheiden, erfolgt der Wohnungskauf in aller Regel als Bauträgermodell. Die Zahlung richtet sich dann nach der Makler- und Bauträgerverordnung (MaBV), die Gewährleistung für Baumängel beträgt bei einem BGB-Vertrag fünf Jahre. Auf Seite 111 ff. finden Sie weitere wichtige Hinweise zu diesem Thema und auf Seite 125 ff. erfahren Sie das Wichtigste über Ihre Möglichkeiten bei Terminverzögerungen und Mängeln – auch diese Passagen gelten für Haus- und Wohnungskauf gleichermaßen. Prüfen Sie das Angebot gemeinschaftlich nutzbarer Nebenräume wie Wasch- oder Trockenraum sowie Abstellmöglichkeiten für Fahrräder oder Kinderwagen. Auch die Außenanlagen sollten Sie kritisch unter die Lupe nehmen, denn die bezahlen Sie ja anteilig mit. Prüfen Sie auch deren Nutzung.

Schallschutz ist wichtig

Außerdem ist bei einer Eigentumswohnung ganz besonders auf den Schallschutz zu achten. Denken Sie daran, dass Sie das Haus mit mehreren anderen Parteien bewohnen! Und achten Sie auch bei der Eigentumswohnung auf den Wärmeschutz, da dieser Ihre zukünftige Heizkostenabrechnung erheblich beeinflusst.

Gebrauchte Wohnungen

Sollten Sie mit einer gebrauchten Wohnung liebäugeln, dann kommt es auf die gründliche Besichtigung und die sorgfältige Einschätzung des Renovierungsaufwands an. Was dabei wichtig ist, erfahren Sie im Kapitel 8, auf Seite 132 ff. Wenn es um die Renovierung von Gemeinschaftseigentum geht, sollten Sie jedoch zusätzlich auf den Stand der Rücklagen achten – das erfahren Sie auf den nächsten Seiten. Auch die Frage nach den Miteigentümern des Hauses, in dem Ihre zukünftige Eigentumswohnung liegt, sollten Sie nicht vergessen. Das gilt vor allem für diejenigen, die die Wohnung direkt über Ihrer oder unter Ihrer Wohnung bewohnen. Wenn beispielsweise eine Familie direkt unter oder über einem älteren Ehepaar wohnt, kann es zu Konflikten wegen Lärmbelästigung kommen. Hier sollten Sie also Ihre zukünftigen Nachbarn prüfen.

Die Nachbarn

Gemeinschafts- und Sondereigentum

Im Vergleich zum Haus hat die Eigentumswohnung sowohl in wirtschaftlicher wie auch in juristischer Hinsicht einige Besonderheiten.

Zu den wichtigen Unterscheidungsmerkmalen zwischen Haus und Eigentumswohnung zählt die Tatsache, dass Sie es als Wohnungseigentümer mit zwei Arten des Eigentums zu tun haben. Wenn Sie ein Haus besitzen, sind die Eigentumsverhältnisse einfach: Sowohl das Grundstück wie auch das darauf errichtete Gebäude gehören Ihnen – das ist auch bei einem Reihenhaus der Fall, wo die Grundstücksgrenze eben mitten durch Mauerwerk und Dachziegel läuft.

Die Eigentumswohnung besteht hingegen aus Sondereigentum, Gemeinschaftseigentum und diversen Nutzungsrechten:

- Sondereigentum gehört Ihnen, Sie sind dafür alleine verantwortlich.

- Gemeinschaftseigentum gehört allen Eigentümern der Hausgemeinschaft zusammen. Alles, was damit geschieht, muss gemeinschaftlich beschlossen werden.
- Sondernutzungsrechte werden einzelnen Mitgliedern der Hausgemeinschaft auf einen bestimmten Teil des Gemeinschaftseigentums gewährt – mit gewissen daraus sich ergebenden Rechten und Pflichten für den Einzelnen.

Die maßgebliche Basis für die Eigentumsfrage ist die so genannte Teilungserklärung. Diese wird beim Kauf vom Bauträger von diesem erstellt, so lange er noch alleiniger Eigentümer aller Wohneinheiten ist, oder vom teilenden Eigentümer. Weil damit das Grundstück in verschiedene Einheiten aufgeteilt wird, muss die Teilungserklärung gegenüber dem Grundbuchamt abgegeben werden. Wenn die Teilungserklärung nachträglich geändert werden soll, ist dies nur möglich, wenn alle Miteigentümer der Änderung zustimmen. Legt auch nur ein einziges Mitglied der Hausgemeinschaft sein Veto ein, kann die Änderung nicht durchgeführt werden.

Teilungserklärung und Aufteilungsplan

Die Teilungserklärung besteht aus einem Textteil und dem Aufteilungsplan. Im Textteil wird jede Wohnung in Worten beschrieben – dazu zählen beispielsweise die Angaben zu Stockwerk und Wohnungsnummer. Außerdem steht darin, wie hoch der Anteil des jeweiligen Wohnungseigentums am gesamten Gemeinschaftseigentum ist, was üblicherweise in Tausendsteln festgehalten ist, zum Beispiel: „Wohnung Nr. 2 auf der linken Seite im Erdgeschoss, drei Zimmer, Küche, Bad, WC, Flur, Balkon, 78 m^2 Wohnfläche, Anteil 170/1000." Im Aufteilungsplan ist zeichnerisch dokumentiert, welche Räume zu welcher Wohnung gehören. Üblicherweise bezeichnet eine eingekreiste Zahl im jeweiligen Raum die Zugehörigkeit zur Wohnung mit der jeweiligen Nummer.

Lassen Sie sich vor der Kaufentscheidung unbedingt die Teilungserklärung aushändigen, und lesen Sie diese sorgfältig durch. Sie ist nicht nur das wichtigste Dokument in der Frage, welche Räume Ihnen in welcher juristischen Form gehören, sondern sie ist auch Basis für die spätere Aufteilung von Abrechnungen, Rücklagen und Sonderumlagen.

Sondereigentum

Die Wohnung, die letztendlich Ihnen gehören soll, bildet das Sondereigentum. Per Teilungserklärung wird unwiderruflich festgelegt, welche Räume der jeweiligen Wohnungen als Sondereigentum definiert werden. Dazu zählen oft auch die dazugehörigen Keller- oder Speicherräume. In diesen Räumlichkeiten können Sie schalten und walten, wie Sie wollen: Sie können Sie selbst bewohnen, vermieten oder verpachten und nach Lust und Laune bunt anstreichen oder tapezieren.

Tragende Wände

Allerdings müssen Sie auch beim Sondereigentum aufpassen. Denn Ihnen gehört nur das, was Sie verändern können, ohne dass davon die Hausgemeinschaft als Ganzes betroffen ist. Damit zählt beispielsweise eine tragende Wand zwischen zwei Zimmern nicht zum Sondereigentum. Wenn Sie diese herausreißen, bekommen Sie nicht nur Ärger mit dem Statiker, sondern gleich mit der ganzen Eigentümergemeinschaft. Der Grund: Weil die tragende Wand unerlässlich für die statische Sicherheit der darüber liegenden Wohnungen ist, zählt sie zum Gemeinschaftseigentum.

Weniger gefährlich, aber durchaus ärgerlich können eigenmächtige Änderungen an Wohnungseingangstür oder Fenstern werden. Weil diese Elemente zu den Bauteilen zählen, die nach außen sichtbar sind, fallen sie nicht unter das Sondereigentum. Das führt zu der paradoxen Situation, dass Ihnen die Wohnzimmertür gehört, die Wohnungseingangstür jedoch nicht. In der

Praxis haben sich bei Änderung und Renovierung zwei Durchführungswege etabliert:

- Die erste Alternative sieht vor, dass der Austausch von Wohnungseingangstüren, Fenstern oder Balkonelementen ausschließlich im Rahmen der Eigentümergemeinschaft erfolgt und darüber auch finanziert wird.
- Die zweite Alternative überlässt den Austausch und dessen Finanzierung den einzelnen Eigentümern, die jedoch bestimmte Gestaltungs- und Farbrichtlinien beachten müssen. Diese Alternative ist jedoch rechtlich sehr problematisch, da Fenster nun einmal Gemeinschaftseigentum sind.

Welche dieser beiden Varianten zum Tragen kommt, wird über Vereinbarungen in der Gemeinschaftsordnung geregelt.

Gemeinschaftseigentum

Nutzung wird geregelt

Alle Bestandteile, die nicht zum Sondereigentum zählen, werden nach dem Wohnungseigentumsgesetz (WEG) dem Gemeinschaftseigentum zugerechnet. Dazu zählen insbesondere die gemeinschaftlich genutzten Räume und Flächen wie Treppenhaus, Flure, gemeinsam genutzte Kellerräume, Heizungs- und Tankräume sowie die gesamte Grundstücksfläche. Wie diese Räumlichkeiten genutzt werden und wie deren Reinigung organisiert wird, wird innerhalb der Eigentümergemeinschaft geregelt.

Auch wichtige Gebäudebestandteile zählen zum Gemeinschaftseigentum, wodurch deren Renovierung und Reparatur von der Gemeinschaft getragen werden muss. Dazu zählen beispielsweise Dach, Dachrinnen und Fallrohre, Fassade sowie sämtliche Installationen bis zu deren Eintritt in die abgeschlossene Wohnung.

Sondernutzungsrechte

Wenn für eine bestimmte Räumlichkeit ein Sondernutzungsrecht zu Gunsten eines einzelnen Eigentümers vorliegt, darf dieser Raum allein und ausschließlich vom Eigentümer genutzt werden. Das Nutzungsrecht ist notariell festgeschrieben und muss von der Eigentümergemeinschaft einstimmig vereinbart werden. In der Regel stehen die Sondernutzungsrechte in der Teilungserklärung. In selteneren Fällen können Sondernutzungsrechte auch nachträglich vereinbart worden sein. Fragen Sie bei der Hausverwaltung nach, ob es Sondernutzungsrechte gibt, die nicht in der Teilungserklärung stehen. Beim Wohnungskauf sollten Sie darauf achten, dass solche Sondernutzungsrechte im Kaufvertrag genannt werden. Besser ist in jedem Fall die Eintragung dieser Rechte ins Grundbuch.

Garagen- und Stellplätze

In der Praxis liegt häufig ein Sondernutzungsrecht vor, wenn es um die Nutzung von Tiefgaragen- oder Stellplätzen, eine Gartennutzung oder den Dachbodenausbau geht. Der jeweilige Eigentümer erwirbt damit ein unwiderrufliches Nutzungsrecht.

Die Eigentümergemeinschaft

Teilhabe am Ganzen

Schon aus der Mischung von Sonder- und Gemeinschaftseigentum wird deutlich: Als Wohnungskäufer sind Sie sowohl alleiniger Eigentümer einer in sich geschlossenen Wohnung wie auch Teilhaber am gesamten Gebäude und am Grundstück. Im Folgenden erfahren Sie, in welcher Form Sie Ihre Vorstellungen und Wünsche in die Entscheidungsfindung der Allgemeinheit mit einbringen können.

Die Eigentümerversammlung

So wie jeder Verein seine Jahresversammlung und jede Aktiengesellschaft ihre Hauptversammlung hat, gehört auch zur Eigentümergemeinschaft im Mehrfamilienhaus die Eigentümerversammlung als unverzichtbares Entscheidungsorgan. Die Versammlung muss mindestens ein Mal pro Jahr stattfinden und vom Verwalter einberufen werden. Alle im Grundbuch eingetragenen Eigentümer müssen mindestens eine Woche vor dem Termin eine schriftliche Einladung mit Angabe von Ort, Uhrzeit und Tagesordnung erhalten.

Als Eigentümer haben Sie die Wahl: entweder

- Sie erscheinen persönlich und nehmen Ihre Stimmrechte wahr,
- Sie übertragen Ihre Stimmrechte per schriftlicher Vollmacht auf einen anderen Miteigentümer oder
- es ist Ihnen egal, was beschlossen wird, und Sie bleiben zu Hause.

Übertragung des Stimmrechts

Wenn zu viele Miteigentümer ohne Vollmachtübertragung der Versammlung fern bleiben, besteht die Gefahr, dass die Eigentümerversammlung mangels Beschlussfähigkeit nicht begonnen werden kann. Im Interesse der Gemeinschaft sollten Sie daher im Fall Ihres Fernbleibens die Vollmacht an einen Miteigentümer Ihres Vertrauens übertragen, der dann Ihre Interessen mit wahrnimmt. Eine Stimmrechtsbindung ist hierbei möglich.

Üblicherweise gilt die Eigentümerversammlung als beschlussfähig, wenn mindestens die Hälfte der Besitzer der Eigentumsanteile anwesend oder durch Vollmacht vertreten ist. Dazu ein Beispiel: Zu einem Mehrfamilienhaus gehören drei Vierzimmerwohnungen mit jeweils 200/1000 Eigentumsanteil und vier Zweizimmerwohnungen mit jeweils 100/1000 Anteil. Wenn nun die Eigentümer der drei Vierzimmerwohnungen anwesend sind, ist die Versammlung beschlussfähig, weil insgesamt 600/1000 der Anteile vertreten sind – obwohl weniger als die Hälfte der Eigentümer erschienen ist. Allerdings kann die Gemeinschaftsordnung auch vorsehen, dass mindestens die Hälfte der Eigentümer anwesend oder vertreten sein muss.

Weil die Vereinbarungen und Beschlüsse in der Eigentümerversammlung von großer rechtlicher und wirtschaftlicher Tragweite sein können, muss der Versammlungsleiter den Ablauf der Versammlung protokollieren.

Eine wichtige Aufgabe der Eigentümerversammlung besteht darin, bei den gemeinsam zu tragenden Kosten ein einheitliches Vorgehen zu beschließen. Verwalterkosten, Hausgeld, Sonderumlagen und Wirtschaftsplan müssen vereinbart werden, und die – gegebenenfalls vom Verwaltungsbeirat geprüfte – Jahresabrechnung wird genehmigt. Einzelheiten zur Verteilung der Kosten in der Hausgemeinschaft finden Sie auf Seite 158 ff.

Beschlüsse und Vereinbarungen

In der Eigentümerversammlung werden Vereinbarungen und Beschlüsse gefasst. Wichtiger Unterschied: Während Vereinbarungen nur mit der Zustimmung aller Eigentümer getroffen werden können, genügt für den Beschluss die Mehrheit.

Hier einige Beispiele für Entscheidungen, die in Form eines einfachen Mehrheitsbeschlusses fallen:

- Jahresabrechnung und Entlastung des Hausverwalters,
- Aufstellung des Wirtschaftsplans,
- Bestellung eines Verwaltungsbeirats,
- Änderung der Hausordnung.

Wenn es um Entscheidungen von großer Tragweite geht, ist hingegen eine einstimmige Vereinbarung erforderlich, so etwa für:

- Änderungen bei Sondernutzungsrechten,
- Änderungen in der Teilungserklärung,
- Umstellung in der Kostenumlage von Eigentumsanteilen auf Anzahl der Eigentümer oder umgekehrt,

- Änderungen in der Gemeinschaftsordnung (im Unterschied zur Hausordnung, in der z.B. geregelt wird, wer wann das Treppenhaus reinigt, ist hier Grundsätzliches wie z.B. die Frage, ob eine Wohnung im Haus auch gewerblich genutzt werden darf, geregelt).

Beim Stimmrecht gibt es grundsätzlich zwei Varianten: nach Köpfen und nach Miteigentumsanteilen, also danach, ob es sich um eine große oder kleine Wohnung handelt. Welches Stimmrecht gilt, ist in der Teilungserklärung festgelegt.

Wenn Sie eine Wohnung kaufen, akzeptieren Sie damit automatisch die bestehende Gemeinschaftsordnung. Daher sollten Sie diese gründlich durchlesen und daraufhin überprüfen, ob sich daraus für Sie als künftigen Eigentümer eventuelle Nachteile ergeben.

Rechte und Pflichten des Hausverwalters

Es ist Gesetz und vorgeschrieben, dass jede Eigentümergemeinschaft einen Hausverwalter bestellen muss. Bei kleineren Mehrfamilienhäusern kann dies einer der Miteigentümer sein, der diese Aufgabe nebenberuflich übernimmt. In größeren Wohneinheiten ist es hingegen üblich, dass ein auf diese Aufgabe spezialisiertes Unternehmen die Hausverwaltung übernimmt. Bei Neubauten ist es oft so geregelt, dass der Bauträger den ersten Verwalter in der Teilungserklärung festlegt. In der ersten Eigentümerversammlung wird dann per Mehrheitsbeschluss entweder der bestehende Verwalter bestätigt oder ein neuer gewählt.

Zufriedenheit mit dem Verwalter

Wegen der weitreichenden Vollmachten hat der Hausverwalter eine wichtige Aufgabe – und je nach Kompetenz und Zuverlässigkeit kann das für die Gemeinschaft ein Segen oder ein Fluch sein. Bevor Sie eine Wohnung kaufen, sollten Sie sich deshalb bei Ihren künftigen Miteigentümern über ihre Zufriedenheit mit der Hausverwaltung erkundigen.

Die Bestellung des Verwalters erfolgt auf maximal fünf Jahre, kürzere Perioden können von den Eigentümern festgelegt werden. Im Anschluss daran ist eine erneute Abstimmung erforderlich, in der entweder der bestehende Verwalter bestätigt oder die Gesellschaft gewechselt wird.

Grundlage der Zusammenarbeit ist der Verwaltervertrag, in dem die Rechte und Pflichten geregelt werden.

Rechte des Verwalters

Zunächst einmal hat der Verwalter das Recht, für seine Tätigkeit eine angemessene Vergütung zu erhalten. Damit sind in der Regel alle Arbeiten abgegolten, die zur üblichen Verwaltungstätigkeit zählen, während außerordentliche Aufwendungen gesondert berechnet werden dürfen. Das heißt in der Praxis: Eine Eigentümerversammlung pro Jahr darf vom Verwalter nicht extra berechnet werden, während für zusätzliche außerordentliche Versammlungen Spesen und Honorare in Rechnung gestellt werden dürfen.

Beauftragen von Handwerkern

Der Verwalter hat meist auch die Vollmacht, beschlossene Instandhaltungsmaßnahmen oder andere Baumaßnahmen durchführen zu lassen. Damit ist etwa die Ausschreibung, Auswahl und Beauftragung der Handwerker verbunden. Bei dringenden Reparaturarbeiten darf der Hausverwalter die Arbeiten auch ohne gesonderten Beschluss in Auftrag geben. Außerdem kann der Verwalter, sofern die Rahmenbedingungen von der Gemeinschaft aufgestellt wurden, einen Hausmeister einstellen oder kündigen.

In finanzieller Hinsicht ist der Verwalter berechtigt, die Hausgelder einzuziehen, Kosten und Aufwendungen aufzuteilen und alle

Ausgaben für die Gemeinschaft abzuwickeln. Auch die Anlage der Rücklagegelder fällt in sein Ressort.

Pflichten des Verwalters

Der Hausverwalter muss für seine Vergütung eine ordnungsgemäße Gegenleistung erbringen.

Er muss alle Konten, die die Gemeinschaft betreffen, in strikter Trennung von seinem Privatvermögen führen. Der Grund: Geht die Verwaltungsgesellschaft Pleite, dürfen davon die Guthaben der Eigentümergemeinschaft nicht betroffen sein – falls doch, wäre der Tatbestand der Unterschlagung erfüllt. Auch die sorgfältige Buchführung und Abrechnung über alle Finanzangelegenheiten der Gemeinschaft zählt zu den Grundpflichten des Verwalters. Er muss auf Verlangen den Eigentümern jederzeit Einsicht in die Bücher gewähren.

Seine Verwaltungstätigkeit beschränkt sich nicht nur auf finanzielle Angelegenheiten, sondern auch auf die Pflege der Bausubstanz. Damit ist die Verpflichtung verbunden, das Grundstück, das Gebäude und die Installationen regelmäßig auf die Notwendigkeit von Instandhaltungsmaßnahmen zu überprüfen.

Interessen der Gemeinschaft

In allen Tätigkeiten gilt, dass in erster Linie die Interessen der Eigentümergemeinschaft zu wahren sind. Dies ist etwa dann der Fall, wenn im Interesse der Mehrheit ausstehende Hausgelder von säumigen Gemeinschaftsmitgliedern angemahnt oder eingetrieben werden. Auch gegenüber Handwerkern muss der Verwalter Terminverzögerungen oder Gewährleistungsansprüche so nachdrücklich geltend machen, als würde es sich um sein persönliches Eigentum handeln.

Wann der Verwalter haftet

Für seine Tätigkeit muss der Verwalter geradestehen. Das bedeutet, dass er für Fehltritte auch haftbar gemacht werden kann – unter Umständen bis hin zum Schadenersatzanspruch gegenüber der Eigentümergemeinschaft. Allerdings ist Voraussetzung für einen Haftungsanspruch, dass ihm fahrlässiges oder gar vorsätzliches Handeln nachgewiesen werden kann. Hat er seine Sorgfaltspflichten erfüllt, muss er nicht automatisch jeden entgangenen Gewinn oder eingetretenen Verlust ausgleichen.

Zur Verdeutlichung zwei Beispiele:

- **Finanzgeschäfte:** Ein Mitglied der Eigentümergemeinschaft hat herausgefunden, dass es bei einer kleinen Direktbank eine Alternative zur derzeiten Anlage der Rücklagegelder gibt, mit der im abgelaufenen Jahr ein halber Prozentpunkt mehr Zins hätte erzielt werden können. Hier besteht in der Regel kein Schadenersatzanspruch, weil der Verwalter ein marktübliches Angebot wählen kann und nicht täglich bundesweit nach besonders hoch verzinsten Bankangeboten fahnden muss. Gegen die Sorgfaltspflicht würde er hingegen verstoßen, wenn er ohne die Zustimmung der Eigentümer statt der sicheren Festgeldanlage eine riskante Börsenspekulation für die Rücklagen wählen und damit Verluste einfahren würde.
- **Gewährleistung:** Auch kompetenten Verwaltern kann es passieren, dass der von ihnen ausgewählte Handwerker bei einem Reparaturauftrag pfuscht und den Eigentümern dadurch Unannehmlichkeiten entstehen. Gewährleistungsansprüche können jedoch nur vom Verwalter gegenüber dem Auftragnehmer, nicht aber von den Eigentümern gegenüber der Hausverwaltung geltend gemacht werden. Wenn der Verwalter es jedoch versäumt zu reklamieren und damit die Ansprüche auf kostenlose Mängelbeseitigung verloren gehen, kön-

nen die Eigentümer von ihm verlangen, dass er die daraus entstehenden zusätzlichen Kosten aus eigener Tasche bezahlt.

Was ist ein Verwaltungsbeirat?

Ehrenamtliche Tätigkeit

Als Bindeglied zwischen Eigentümern und Hausverwaltung kann die Gemeinschaft einen Verwaltungsbeirat ins Leben rufen. Ob sich ein Beirat konstituieren soll, wird üblicherweise per Mehrheitsbeschluss festgelegt. Der Verwaltungsbeirat besteht aus mindestens drei Personen. Die Beiratstätigkeit ist ein Ehrenamt und damit unentgeltlich. Typische Aufgaben für den Beirat liegen darin, Abrechnungen zu prüfen, die Gemeinschaft über die Notwendigkeit von Instandhaltungsarbeiten zu beraten und die Einhaltung der Hausordnung zu überwachen.

In kleineren Eigentümergemeinschaften ist ein Beirat meist unüblich, weil sämtliche Eigentümer mit dem Verwalter noch an einem Tisch ihre Probleme ausdiskutieren können. In großen Wohnanlagen gliedert sich der Beirat hingegen nicht selten in regelrechte Fachausschüsse auf. So haben bestimmte Mitglieder die Aufgabe, sich um technische Fragen zu kümmern, während die zweite Gruppe die Bücher des Verwalters prüft und ein dritter Ausschuss Anregungen aus der Gemeinschaft für die Tagesordnung bei der nächsten Eigentümerversammlung entgegennimmt.

Wie die laufenden Kosten aufgeteilt werden

Nicht nur bei den Eigentumsverhältnissen, sondern auch bei der Verteilung der laufenden Kosten gibt es beträchtliche Unterschiede zwischen der Eigentumswohnung und dem Haus. Wenn Sie ein Haus besitzen, lässt sich die Kostenfrage auf denkbar einfache Weise beantworten: Alle Ausgaben, Steuern und Abgaben, die Ihr Gebäude und Ihr Grundstück betreffen, sind von Ihnen zu bestreiten – und die Kosten für das Nachbargrundstück sind die Angelegenheit Ihres Nachbarn.

Etwas komplizierter wird es bei der Eigentumswohnung. Manche Ausgaben lassen sich direkt der einzelnen Wohnung zuordnen, während andere Posten pauschal umgelegt werden müssen, zum Beispiel Strom: Der Strom, den Sie in Ihrer Wohnung verbrauchen, wird über Ihren Stromzähler ermittelt und vom Energieversorger direkt mit Ihnen abgerechnet. Doch was ist mit der Elektrizität, die für Treppenhaus- und Kellerbeleuchtung, den Antrieb des Tiefgaragentors oder die Heizungs-Umwälzpumpe benötigt wird?

Pauschale Umlage

Bei solchen Gemeinschaftsausgaben ist vorgesehen, dass diese ohne detaillierte Einzelabrechnung pauschal auf die einzelnen Eigentümer umgelegt werden. Grundsätzlich gilt, dass die Umlage anhand des Miteigentumsanteils erfolgen soll. Dazu ein Beispiel: Der Verbrauch an gemeinschaftlichem Strom beläuft sich auf 80 Euro pro Jahr. Wenn Sie einen Miteigentumsanteil von 150/1000 besitzen, müssen Sie davon zwölf Euro übernehmen.

Allerdings kann die Gemeinschaftsordnung vorsehen, dass ein anderer Verteilungsschlüssel angewandt wird. So kann eine Kostenumlage auch nach der Anzahl der Wohnungen oder nach der Wohnfläche erfolgen. Das erfordert jedoch einen einstimmigen Beschluss aller Eigentümer. Sollte die Umlage per Mehrheitsbeschluss geändert werden können, müssen alle Eigentümer zustimmen, dass dieser Passus in die Gemeinschaftsordnung aufgenommen wird.

Die folgenden Kosten und Abgaben werden nach dem tatsächlichen Verbrauch pro Wohnung abgerechnet:

- Strom
- Wasser
- Heizung (meist über Energieverbrauchszähler pro Heizkörper)
- Grundsteuer

Die folgenden Posten werden üblicherweise nach Miteigentumsanteilen abgerechnet:

- Verwaltergebühr
- Versicherungen
- Müllentsorgung
- Gartenpflege, Hausmeister
- Anschaffungen, Reparaturen und Rücklagen
- Wartungsarbeiten wie Schornsteinfeger, Heizungswartung etc.
- Allgemeinstrom

In vielen Hausgemeinschaften wird die Müllentsorgung nicht nach Miteigentumsanteilen, sondern nach der Anzahl der in den jeweiligen Haushalten wohnenden Personen abgerechnet. Andere Umlagen werden manchmal über die Anzahl der Wohneinheiten errechnet.

TIPP Achten Sie bei der Prüfung der Abrechnungen auch auf die Ermittlung der Umlagen. Wenn Sie eine überdurchschnittlich große Wohnung erwerben, ist die Umlage nach Wohneinheiten für Sie günstiger, bei kleineren Wohnungen zahlen Sie bei der Umlage nach Miteigentumsanteilen weniger.

Welcher Modus ist günstiger?

Welche Dokumente Sie vor der Kaufentscheidung unbedingt prüfen sollten

Nicht nur der obligatorische Grundbuchauszug zählt beim Wohnungskauf zu den wichtigen Dokumenten, sondern auch Teilungserklärung, Gemeinschafts- und Hausordnung sowie die letzten Nebenkostenabrechnungen und Protokolle der Eigentümerversammlungen. Hier können nämlich unter Umständen finanzielle Fallen lauern, die Sie rechtzeitig erkennen sollten.

Teilungserklärung

Bei der Prüfung der Teilungserklärung sollten Sie vor allem sicherstellen, welche Räumlichkeiten per Sondereigentum zu Ihrer Wohnung gehören und wo Sie über Sondernutzungsrechte verfügen. Empfehlenswert ist es auch, zumindest überschlägig nachzurechnen, ob der Miteigentumsanteil dem Anteil der Wohnfläche entspricht. Ist beispielsweise der Miteigentumsanteil deutlich höher als der tatsächliche Wohnflächenanteil, sind Sie bei der Kostenumlage in vielen Fällen benachteiligt.

Gemeinschaftsordnung

Bei vielen Wohnungen ist die Gemeinschaftsordnung im Grundbuch eingetragen. Ist dies der Fall, erkennen Sie mit dem Kauf die Ordnung verbindlich an. Daher sollten Sie diese gründlich durchlesen und auf die Details der Regelungen achten.

Mehrheitsbeschlüsse

In der Gemeinschaftsordnung kann geregelt sein, dass bestimmte Entscheidungen nicht per einstimmiger Vereinbarung, sondern über einen einfachen Mehrheitsbeschluss getroffen werden. Wenn es sich hierbei um Angelegenheiten handelt, die Sie als Einzeleigentümer benachteiligen können, sollten Sie vorsichtig sein und die möglichen Folgen abwägen – denn bei einem Mehrheitsbeschluss haben Sie kein Vetorecht (siehe Seite 153 f.).

Hausordnung

Die Hausordnung wird durch einfachen Mehrheitsbeschluss aufgestellt und regelt das möglichst reibungslose Miteinander der Eigentümer. Hier ist ist beispielweise festgeschrieben,

- wer zu welchem Zeitpunkt gemeinschaftliche Räume wie den Trockenraum benutzen darf,
- wer in welchem Turnus für die Reinigung von Gemeinschaftsflächen zuständig ist,
- was auf den Fluren abgestellt werden darf und was nicht,

- ob die Haltung größerer Haustiere erlaubt ist oder nicht,
- ab welcher Uhrzeit die Hauseingangstüre abgeschlossen werden muss oder
- ob auf Balkonen und Terrassen das Grillen erlaubt ist.

Nebenkostenabrechnungen

Hier sollten Sie Punkt für Punkt prüfen, ob die Höhe der Nebenkosten für die in Frage kommende Wohnung akzeptabel ist. Wasser- und Stromverbrauch können, sofern die Warmwasseraufbereitung über die Heizung geregelt wird, außen vor bleiben, denn dieser Verbrauch hängt vom individuellen Verhalten der Bewohner ab. Doch in der Nebenkostenabrechnung stehen auch Details zur Höhe der Verwaltergebühr oder zum Stromverbrauch in den Gemeinschaftsräumen. Ein besonderer Kostenfaktor sind erfahrungsgemäß Aufzuganlagen, die hohe Summen für Betrieb und Wartung verschlingen. Auch die Heizkosten haben Ihre besondere Aufmerksamkeit verdient, denn daraus lässt sich ersehen, wie gut der Wärmeschutz in Ihrer Wohnung ist.

Stand der Rücklagen

In dieser Aufstellung sind auch die Rücklagen enthalten – dies ist vor allem bei älteren Wohnungen ein wichtiger Punkt. Aus dem Stand der aktuellen Rücklagen erkennen Sie, welche Summe bereits für künftige Instandhaltungsarbeiten zurückgelegt worden ist. Ein Teil des monatlichen Hausgeldes wird überdies für die Aufstockung der Rücklagen verwendet. Wenn erst kürzlich größere Renovierungsarbeiten durchgeführt wurden oder wenn solche Maßnahmen für die nähere Zukunft geplant sind, kann es vorkommen, dass die Rücklagenzuführung für einen bestimmten Zeitraum stark erhöht wird. In diesem Fall sollten Sie sich genau erkundigen, wie lange die erhöhte Rücklagenzuführung laufen soll und wie hoch der sonst übliche Betrag ist.

Verlassen Sie sich nicht allein auf die letzte Abrechnung, sondern lassen Sie sich die Aufstellungen der letzten drei bis vier Jahre aushändigen. Je konstanter die Zahlen, umso verlässlicher können Sie meist für die Zukunft kalkulieren – und eine Abrechnung ohne große Schwankungen nach unten oder oben zeugt auch von einer umsichtig kalkulierenden Hausverwaltung.

Protokolle der letzten Eigentümerversammlungen

Ergänzend zu den Abrechnungen ist es für Sie wichtig zu wissen, welche Beschlüsse auf den letzten Eigentümerversammlungen gefasst worden sind. Die Dokumentation hierüber finden Sie in den Versammlungsprotokollen. Auch wenn noch keine Beschlüsse gefasst worden sind, sondern Themen nur unter dem Tagesordnungspunkt „Verschiedenes" diskutiert wurden, kann dies für Sie wichtig sein. Wurden beispielsweise mehrere Varianten für eine künftige Vorgehensweise bei der Modernisierung angesprochen, können Sie davon ausgehen, dass schon bald entsprechende Beschlüsse folgen – möglicherweise mit den dazugehörigen Sonderumlagen für die Eigentümer.

Anfechtungen und Klagen

Wenn Sie aufmerksam „zwischen den Zeilen" lesen, offenbart das Protokoll oft auch einiges darüber, wie gut die Gemeinschaft funktioniert. Eine Anhäufung von Anfechtungen, endlos langen Versammlungen oder gar Klagen lässt darauf schließen, dass entweder die Verwaltung schlecht arbeitet oder dass Sie sich gegen notorische Quertreiber wappnen müssen. Mehr Klarheit darüber schafft die Konktaktaufnahme mit dem Verwalter, dem Beirat oder einzelnen Mitgliedern der Eigentümergemeinschaft.

Top-Tipps worauf es beim Wohnungskauf ankommt

- Wenn es um Lage, Umgebung und Bausubstanz geht, gelten für den Wohnungskauf die gleichen Kriterien wie für den Hauskauf.
- Im Gegensatz zum Haus müssen Sie bei der Eigentumswohnung zwischen Sonder- und Gemeinschaftseigentum sowie Sondernutzungsrechten unterscheiden.
- Wichtigstes Beschlussfassungsorgan ist die mindestens ein Mal pro Jahr stattfindende Eigentümerversammlung, die Sie auf keinen Fall versäumen sollten.
- Der Hausverwalter hat wichtige Vollmachten. Deshalb sollten Sie dessen Kompetenz und Verlässlichkeit kritisch unter die Lupe nehmen.
- Lassen Sie sich vor Ihrer Kaufentscheidung Kopien von Gemeinschaftsordnung, Hausordnung sowie den Nebenkostenabrechnungen und Versammlungsprotokollen der letzten Jahre aushändigen.
- Achten Sie bei der Prüfung dieser Dokumente besonders auf die Höhe und Aufteilung der Nebenkosten, den Stand der Rücklagen und Hinweise auf bald erforderliche Renovierungsmaßnahmen.

10 Finden, vergleichen, verhandeln

Nun wissen Sie, worauf es bei Neu- und Altbau, Wohnungs- und Hauskauf ankommt und welche Entscheidungskriterien Sie beachten sollten. Doch nun stehen Sie vor der nicht ganz einfachen Aufgabe, Ihre Traumimmobilie zu finden und am Ende nicht zu teuer dafür zu bezahlen.

Teurer Fehlkauf

Diese Aufgabe können Sie am besten erfüllen, wenn Sie sich selbst genügend Zeit geben und sich auch von außen nicht unter Zeitdruck setzen lassen. Denn ansonsten gehen Sie unter Umständen das Risiko ein, eine falsche Auswahl zu treffen oder einen zu hohen Kaufpreis zu akzeptieren. Seien Sie sich stets darüber im Klaren: Eine verpasste Kaufgelegenheit ist weitaus weniger schlimm als eine teure Immobilie, die nicht zu Ihnen passt und Ihnen nach dem Kauf wie ein Klotz am Bein hängt!

Der Start in die Suchphase beginnt mit dem „Abenteuer Marktforschung": Was Sie unbedingt brauchen, ist ein Gespür für die richtigen Angebote und die realistischen Preisvorstellungen – und dieses bekommen Sie am besten, wenn Sie sich frühzeitig mit den am Markt befindlichen Angeboten befassen.

Wo Sie Immobilienangebote finden

In gewisser Hinsicht geht es am Immobilienmarkt ähnlich zu wie an der Aktienbörse: Feste Preise gibt es nicht – was letztendlich bezahlt wird, regelt sich über den Mechanismus von Angebot und Nachfrage. Vor allem wenn Sie sich bislang noch wenig mit dem Wohnungs- oder Hauskauf befasst haben, sollten Sie alle verfügbaren Informationsquellen nutzen, um einen Überblick über die Angebote zu erhalten. Dabei stehen Ihnen die unterschiedlichsten Medien und Informationskanäle zur Verfügung.

Zeitungen und Anzeigenblätter

Der Immobilienteil der Tageszeitung – Erscheinungstermin ist samstags – ist das klassische Werbemedium für all diejenigen, die ein Grundstück, ein Haus oder eine Wohnung zu verkaufen haben. Hier finden Sie Angebote von Privatverkäufern, aber auch von Maklern, Banken und Bauträgern.

Ergänzend dazu findet sich auch eine Vielzahl an Verkaufsofferten in regionalen und lokalen Anzeigenblättern, in den mancherorts vorhandenen Bekanntmachungsorganen der Kommunalverwaltung oder in Kleinanzeigenblättern.

Keine Auskunft unter Chiffre

Vor allem private Verkäufer bieten ihre Immobilie manchmal unter Chiffre an, um unerwünschte Makleranrufe zu unterbinden. Hier nutzt es nichts, sich bei der Zeitung nach dem Auftraggeber zu erkundigen – Sie werden in diesem Fall garantiert keine Anschrift oder Telefonnummer erhalten. Senden Sie bei Interesse einfach eine Postkarte mit Chiffre-Nummer und Ihrer Adresse an die Anzeigenabteilung des Blattes, damit diese an den Auftraggeber weitergeleitet wird.

Internet

Wenn Sie in heimatlichen Gefilden nach einem Eigenheim suchen, werden Tageszeitung und Anzeigenblätter wahrscheinlich Ihre wichtigsten Informationsmedien sein. Doch wenn Sie in einer weiter entfernten Region investieren wollen, wird die herkömmliche Suche über Zeitungen, Bauträger- und Maklerangebote viel aufwändiger.

Hier können Sie das Internet zu Ihrem Vorteil nutzen und zumindest in der ersten Auswahlphase Ihren Aufwand bei der Immobiliensuche deutlich senken. Wenn Sie über einen Internetanschluss verfügen, können Sie bequem vom Schreibtisch aus den

Immobilienmarkt in entfernten Regionen nach günstigen Angeboten durchsuchen.

TIPP

Lokale Suchmaschinen

In lokalen Suchmaschinen wie etwa „Meine Stadt" (www.meinestadt.de) können Sie innerhalb der von Ihnen ausgewählten Postleitzahl-Region oder Stadt nach den dort ansässigen Branchen und Unternehmen suchen. Wenn Sie in einer bestimmten Gegend investieren wollen, können Sie damit ganz gezielt nach den Internetseiten von Maklern, Bauträgern und regionalen Anzeigendatenbanken recherchieren.

Eine weitere Möglichkeit, bundesweit nach Immobilien zu suchen, bieten die digitalen Kleinanzeigen der Zeitungen. Fast alle größeren Zeitungen und Anzeigenblätter veröffentlichen ihre Kleinanzeigen nämlich auch im Internet.

Dann gibt es natürlich noch die Anzeigen-Datenbanken – das sind praktisch die „Anzeigenblätter" im Internet. Hier lassen sich zu günstigen Preisen Immobiliengesuche und -verkaufsanzeigen schalten. Bezahlt werden in aller Regel nur die Anzeigen, das Anschauen ist kostenlos. Populäre Beispiele sind die T-Online-Tochter Immobilienscout24 (www.immobilienscout24.de) oder die von einigen großen Zeitungsverlagen getragene Immowelt (www.immowelt.de), wo Makler und Privatleute bundesweit ihre Online-Annoncen veröffentlichen.

Provisionspflicht

Manche Immobilien-Datenbanken werden von Maklern geführt – wie beispielsweise die Immopool-Datenbank (www.immopool.de). Wenn Sie dort ein Exposé anfordern, hat der Makler bereits den „Nachweis" geleistet. Das bedeutet für Sie: Wenn Sie die Immobilie kaufen, deren Unterlagen Sie über eine Makler-Homepage angefordert haben, müssen Sie dem Makler auch Provision bezahlen!

Allerdings gilt beim Stöbern im weltweiten Datennetz: Das Internet nimmt Ihnen zwar bei der Vorauswahl und Marktsondierung viel Arbeit und Aufwand ab. Dennoch besteht weiterhin die Notwendigkeit, die Wohnung oder das Haus vor dem Kauf gründlich zu besichtigen – diese Arbeit kann Ihnen kein noch so professionell gestalteter Internet-Werbeauftritt abnehmen.

Was Abkürzungen und bestimmte Formulierungen bedeuten

Bei Anzeigen kostet jeder Quadratzentimeter viel Geld, deshalb wimmelt es in Immobilienofferten vor Abkürzungen, die für Sie als Laie am Anfang oft schwer zu verstehen sind. Hier finden Sie ein kleines Abkürzungsverzeichnis, das Ihnen beim Verstehen hilft.

Bj.	=	Baujahr
DG	=	Dachgeschoss oder Doppelgarage
DHH	=	Doppelhaushälfte
DP	=	Doppelparker
EBK	=	Einbauküche
EFH	=	Einfamilienhaus
ELW	=	Einliegerwohnung
Erschl.	=	Erschlossen
ETW	=	Eigentumswohnung
Grdst.	=	Grundstück
KP	=	Kaufpreis
NB	=	Neubau
Nfl.	=	Nutzfläche
Prov.	=	Provision
REH	=	Reiheneckhaus
Ren.	=	Renoviert
RH	=	Reihenhaus
Stpl.	=	Stellplatz
TG	=	Tiefgarage
Verm.	=	Vermietet
VHB	=	Verhandlungsbasis

VS / VHS	=	Verhandlungssache
WE	=	Wohneinheiten
Wfl.	=	Wohnfläche
Whg.	=	Wohnung
ZH	=	Zentralheizung
Zi.	=	Zimmer

Bei manchen Begriffen in Immobilienanzeigen sollten Sie vorsichtig sein – denn diese können möglicherweise etwas ganz anderes bedeuten, als Sie vielleicht meinen. So manche blumige Umschreibung soll schlicht und einfach einen Makel schönreden. Wenn einer der folgenden Begriffe auftaucht, sollten Sie hellhörig werden und nachbohren:

- „Zentrale Lage": Im Orts- oder Stadtkern beeinträchtigt oft Verkehrslärm die Wohnqualität, und mit enger Bauweise und fehlendem Garten ist ebenfalls zu rechnen.
- „Historisch": Historische Gebäude stehen oft unter Denkmalschutz, und dann müssen Sie mit massiven Einschränkungen bei der Umgestaltung rechnen.
- „Frei nach Absprache": Ein Hinweis darauf, dass das Haus oder die Wohnung noch vermietet ist und der Mieter keine Bereitschaft zeigt, freiwillig auszuziehen. Falls keine verbindliche Willenserklärung zum Auszugstermin vorliegt: Lassen Sie besser die Finger davon weg!
- „Renovierungsbedürftig": Eine vornehme Umschreibung für „abbruchreif".
- „Teilrenoviert": Von den erforderlichen Renovierungsarbeiten ist eher der kleinste Teil als der größte Teil erledigt.

Eine Suchanzeige aufgeben

Parallel zur Suche in Print- und Online-Medien können Sie natürlich auch selbst eine Anzeige als Kaufinteressent aufgeben. Bei der Formulierung des Anzeigentextes sollten Sie auf möglichst viel Präzision achten, damit Sie möglichst genau passende Angebote erhalten.

Geben Sie an, ob Sie eine Wohnung, ein Grundstück oder ein Haus suchen, und in welcher Region sich die Immobilie befinden soll. Wichtig ist auch die Frage, ob Renovierungsarbeiten erforderlich sein können und ob Sie viel Wert auf einen Garten legen. Nicht zuletzt sollten Sie zumindest einen ungefähren Preisrahmen nennen.

TIPP

Kontaktaufnahme

Bei der Frage der Kontaktaufnahme scheiden sich die Geister. Für eine Chiffreanzeige spricht, dass Sie dann keine Anrufe von Maklern erhalten, die für ihre Dienste beim Abschluss eine teure Provision verlangen. Doch für so manchen Verkäufer ist eine Chiffreanzeige ein Hindernis, weil er dann sein Angebot schriftlich formulieren muss. Trotz der Gefahr unerwünschter Anrufe ist es daher eher empfehlenswert, in der Anzeige die Telefonnummer mit zu veröffentlichen.

Viele Verlage bieten bei Anzeigen günstige Kombinationspreise für Mehrfachschaltungen oder die gleichzeitige Veröffentlichung in Zeitung, Anzeigenblatt und Internet an. Erkundigen Sie sich über solche Kombinationsmöglichkeiten, bevor Sie getrennte Anzeigen in Auftrag geben.

Direktanfragen bei Maklern und Bauträgern

Wenn Sie eine Neubauwohnung oder ein schlüsselfertiges neues Haus suchen, können Sie auch ohne den Umweg über das Anzeigenstudium ganz direkt auf die Bauträger in Ihrer Region zugehen. Dort erfahren Sie nicht nur Einzelheiten über die im Bau befindlichen Projekte. Oft informieren Bauträger ihre Interessenten schon vor dem eigentlichen Verkaufsstart über geplante Neubauvorhaben, für die noch nicht offiziell geworben wird.

Bei Neubauten sollten Sie immer direkt mit dem Bauträger Kontakt aufnehmen und sich nicht über Banken oder Makler erkundigen. Denn diese Vermittler verlangen meist vom Bauträger eine Vermittlungsprovision von 3 bis 5 Prozent des Verkaufspreises – und diese schmälert Ihren Spielraum bei der Preisverhandlung.

Infos im Schaufenster

Banken und Makler haben im Schaufenster ihrer Filialen und Büros oft Aushänge, wo Sie sich zunächst einmal anonym über Angebote informieren können. Wenn Sie über private Kontakte nichts Passendes finden und Ihnen ein Makler- oder Bankenangebot besonders zusagt, können Sie dort persönlich Kontakt aufnehmen.

In dem Moment, wo Sie ein Makler oder eine Bank über eine Immobilie informiert, entsteht auch deren Provisionsanspruch – unabhängig davon, ob Sie spätere Besichtigungen und Verhandlungen alleine oder in Begleitung eines Vermittlers durchführen. Mehr zum Umgang mit Maklern und Banken als Vermittler erfahren Sie im Kapitel „Der Umgang mit Maklern".

Welche Unterlagen für den Vergleich wichtig sind

Um die Angebote richtig vergleichen zu können, benötigen Sie ausreichende Informationen. Das muss nicht gleich die komplette Baubeschreibung des Bauträgers mit über 100 Seiten Umfang sein. Doch einige wichtige Fakten müssen bei Neu- und Altbauten auf jeden Fall enthalten sein, damit Sie sich ein realistisches Bild machen können:

- Lageplan
- Angaben zur Infrastruktur am Ort (z.B. Einkaufsmöglichkeiten, Kindergarten, Schulen, Ärzte, öffentliche Verkehrsmittel etc.)
- Grundrisse
- Wohn- und Nutzflächenberechnung
- Aussagen zum Bauzustand (z.B. renovierungsbedürftig, sehr gepflegt, vor kurzem renoviert etc.) und der Wärmedämmung

- Baujahr
- Angaben zu Sonderausstattung (z.B. Kachelofen, Parkettböden, Wintergarten etc.)
- Angaben zu zusätzlichen Nutzflächen wie Garage, separate Stellplätze, Kellerräume oder Terrassen
- Verkaufspreis

Wenn es sich um eine Eigentumswohnung handelt, sollten darüber hinaus noch die folgenden Informationen enthalten sein:

- Anzahl der Parteien im Haus
- Nebenkostenabrechnungen und Stand der Rücklagen
- Stockwerk, in dem sich die Wohnung befindet
- Protokoll der letzten Eigentümerversammlung

Wie Sie das Gespür für realistische Marktpreise bekommen

Der Begriff „Preistransparenz" zählt leider nicht zu den Schlagworten, mit denen sich der Immobilienmarkt beschreiben lässt. Jede Wohnung und jedes Haus ist ein individuelles Produkt, und je nach Schwierigkeitsgrad und Qualität können schon die reinen Herstellungskosten stark variieren. Dazu kommen noch „weiche" Faktoren wie Lage, Zuschnitt oder eine günstige Verkehrsanbindung, wobei insbesondere die Lage des Hauses und auch der Wohnung maßgeblichen Einfluss auf den Preis hat.

Kaufpreis und Marktpreis

Dennoch können Sie im Lauf der Zeit zumindest ungefähr herausfinden, ob der verlangte Kaufpreis den Marktverhältnissen entspricht. Da ist es jedoch notwendig, dass Ihnen Informationen über eine ausreichende Anzahl möglichst gut vergleichbarer Immobilien vorliegen – daher auch die Empfehlung, sich frühzeitig eine Vielzahl an Unterlagen zuschicken zu lassen.

Der Preisvergleich bei Wohnungen

Bei Wohnungen kommt es weniger auf die Grundstücksgröße an – zumal der Grundstücksanteil nur als abstrakter Miteigentumsanteil ausgewiesen ist –, sondern auf die Fläche, die Ihnen zum Wohnen zur Verfügung steht. Schauen Sie sich vergleichbare Wohnungen an, und ermitteln Sie den Preis pro Quadratmeter Wohnfläche, indem Sie den Kaufpreis durch die Anzahl der Quadratmeter teilen.

Korrekte Wohnfläche

Passen Sie auf, dass die Wohnfläche korrekt ermittelt wird. Wenn keine Wohnflächenberechnung des Bauträgers vorliegt, sollten Sie sich nicht von vornherein auf die Angaben des Verkäufers verlassen. So mancher Wohnungsbesitzer schummelt noch ein paar Quadratmeter dazu, um einen höheren Verkaufspreis durchzusetzen.

Bei Berechnungen von Bauträgern können Sie normalerweise davon ausgehen, dass die Wohnfläche korrekt ermittelt wurde. Jeder Unternehmer ist verpflichtet, die Fläche anhand der DIN-Vorschriften auszuweisen – und da bleibt nicht allzu viel Spielraum für fragwürdige Rechenkünste.

Abschläge bei eingeschränkter Nutzung

Grundsätzlich gilt: Nicht jeder Quadratmeter, der zur Wohnung gehört, darf auch der Wohnfläche zugerechnet werden. Bei der Wohnflächenermittlung dürfen in vollem Umfang nur die eigentlichen Wohnräume, beheizbare Wintergärten und Abstellräume innerhalb der Wohnung in die Berechnung einfließen: Zu 50 Prozent zählen Flächen unter Dachschrägen mit mindestens einem Meter und weniger als zwei Metern lichter Höhe sowie Balkone, Loggien, Dachgärten, Freisitze und nicht beheizbare Wintergärten. Nicht zur Wohnfläche gehören Abstellräume außerhalb der Wohnung, Dachböden, Garagen und Flächen unter Dachschrägen mit weniger als ein Meter lichter Höhe.

Abstellplätze für Autos werden üblicherweise separat in die Wertermittlung einbezogen – bei einem Komplettpreis sollten Sie diese somit der besseren Vergleichbarkeit halber herausrechnen. Am unteren Ende der Preisskala steht der Stellplatz im Freien, gefolgt vom Platz im Doppelparker und dem etwas teureren Tiefgaragen-Einzelplatz. Am wertvollsten ist eine eigene Garage, die zumindest in begrenztem Umfang zusätzlichen Stau- und Abstellraum bietet.

Berücksichtigen Sie das Baujahr

Achten Sie darauf, dass Sie Wohnungen ungefähr desselben Baujahrs zum Vergleich heranziehen. Je älter und renovierungsbedürftiger eine Wohnung ist, umso größer ist natürlich auch der Preisabschlag.

Beim Vergleichen der Quadratmeterpreise werden Sie feststellen, dass es ganz ordentliche Preisunterschiede geben kann. Sie sollten darauf achten, dass insbesondere Preisaufschläge auch durch Fakten gerechtfertigt sind. Wertsteigernd wirken sich beispielsweise aus:

- helle Zimmer und eine praktische Raumaufteilung,
- bevorzugte, ruhige Wohnlage mit guter Verkehrsanbindung,
- besondere Ausstattungsmerkmale wie hochwertige Bodenbeläge oder eine bereits vorhandene Einbauküche,
- kleine Mehrfamilienhäuser mit nur wenigen Wohneinheiten oder
- niedrige Nebenkosten oder bereits vorhandene hohe Rücklagen.

Umgekehrt müssen in manchen Fällen auch Abstriche bei der Bewertung gemacht werden. Dies kann beispielsweise der Fall sein bei

- dunklen Zimmern und verwinkelten Räumen,
- Problemlagen mit Lärm- oder Geruchsbelästigungen,

- hohen Nebenkosten oder bald zu erwartenden Renovierungsumlagen
- oder anonymen Wohnanlagen mit vielen Wohneinheiten.

Grundstücke und Häuser

Am übersichtlichsten ist der Immobilienmarkt im Segment der unbebauten Grundstücke – immerhin müssen Sie sich hier nicht mit unterschiedlichen Bauweisen, Bauqualitäten und Ausstattungsmerkmalen befassen. Der Preis ist logischerweise vorrangig von der Größe des Grundstücks und vom ortsüblichen Preisniveau abhängig. Innerhalb des Ortes spielt dann natürlich noch die Lage eine wichtige Rolle.

Doch auch bei der Ermittlung des marktgerechten Grundstückspreises lauert eine Falle: Wenn ein Bauplatz doppelt so groß ist, muss er noch lange nicht doppelt so viel wert sein. Natürlich ist es für Sie vorteilhafter, wenn Sie nicht 600 Quadratmeter, sondern 1.200 Quadratmeter Fläche für Ihr Einfamilienhaus zur Verfügung haben. Doch kaum ein Bauherr wird bereit sein, für die Verdoppelung eines ohnehin schon großzügigen Gartens den doppelten Bauplatzpreis zu bezahlen. Wenn ein Grundstück deutlich größer als rund 600 Quadratmeter ist und nur mit einem Einfamilienhaus bebaut werden darf, ist die darüber hinausgehende Fläche in der Bewertung eine so genannte „Mehrfläche" – und diese wird nur zu einem Bruchteil des regulären Bauplatzpreises angesetzt.

Garten ist kein Bauplatz

Achten Sie beim Preisvergleich von Grundstücken darauf, dass es sich um Preise für voll erschlossene Bauplätze handelt. Ansonsten müssen Sie nämlich die noch ausstehenden Erschließungsgebühren in Ihre Kalkulation mit einbeziehen!

Wenn auf dem Grundstück bereits ein Haus steht, kommt es darauf an, um welchen Haustyp es sich handelt. Ähnlich gut vergleichbar wie Wohnungen sind Reihenhäuser und Doppelhaushälften, weil hier die Grundstücksgrößen, Wohnflächen und Grundrisse oft recht ähnlich sind. Wie bei Wohnungen kommt es auch hier auf Ausstattung und Zustand an. Je gepflegter das Haus und je höher die Qualität der Innenausstattung, umso höher ist auch der Preis.

Schwieriger wird der Fall, wenn es um die Wertermittlung von individuellen Einfamilienhäusern geht. Zwar gibt es Bewertungsverfahren, mit denen anhand von Grundstücksgröße, Bauvolumen und Zustand der Immobilie der so genannte Verkehrswert ermittelt wird. Ob dieser jedoch identisch mit dem tatsächlichen Verkaufspreis ist, steht auf einem völlig anderen Blatt. Die Praxis hat gezeigt, dass beim Verkauf von Häusern je nach Nachfrage der erzielte Verkaufspreis deutlich vom Verkehrswert abweichen kann – sowohl nach oben wie auch nach unten.

Bewertungsverfahren

Vor allem bei Ausstattungsmerkmalen von individuellen Häusern kommt es nicht darauf an, was sie einst gekostet haben, sondern welchen Nutzen sie Ihnen wirklich bringen. Aufwändige Stützmauern bei Häusern auf Hanggrundstücken rechtfertigen beispielsweise keinen höheren Kaufpreis, denn mit Sicherheit ließ sich der Vorbesitzer diesen Extra-Aufwand beim Grundstückskauf mit einem kräftigen Preisnachlass honorieren. Auch ein teures Schwimmbad im Haus ist angesichts der immensen Betriebskosten eher ein Kosten- als ein Wertsteigerungsfaktor. Wirklichen Nutzen in Form von niedrigem Energieverbrauch bringen hingegen Solaranlagen, Wärmepumpen oder eine besonders wirkungsvolle Wärmedämmung.

Die richtige Verhandlungstaktik

Wohl dem, der eine Krämerseele hat – denn auf dem Immobilienmarkt geht es nicht viel anders zu als auf dem orientalischen Bazar. Da wird gefeilscht und getrickst, je nach Marktlage Interesse oder Desinteresse geheuchelt, und wer das bessere Talent zum Pokern hat, streicht am Ende den Profit ein: Ist es der Verkäufer, freut er sich über einen höheren Verkaufspreis – und wenn es der Käufer ist, konnte er dem Vorbesitzer ein paar tausend Euro abluchsen.

Feilschen und handeln

Nun zählen Sie vielleicht zu denjenigen, für die das Feilschen und Schachern zu den unangenehmsten Dingen überhaupt zählen. Doch beim Immobilienkauf lohnt es sich, zumindest ein bisschen über den eigenen Schatten zu springen.

Auf keinen Fall sollten Sie im Preisgespräch Schwäche zeigen oder sich in irgendeiner Form unter Druck setzen lassen. Seien Sie sich stets darüber im Klaren: Eine verpasste Gelegenheit ist weitaus weniger gravierend als eine zu teuer gekaufte Immobilie.

Je nachdem, ob Sie einen Neubau vom Bauträger oder eine gebrauchte Immobilie erwerben, sollten Sie einige unterschiedliche Grundregeln beim Verhandeln beachten.

Verhandeln mit Bauträgern

Zwar bietet der Bauträger sein Haus oder seine Wohnung zum schlüsselfertigen Festpreis an – doch dieser wird längst nicht immer auch wirklich bezahlt. Wenn Sie also laut und deutlich verkünden, dass Sie genau dieses eine Reihenhaus unbedingt kaufen wollen, werden Sie den Anbieter schwerlich zu Zugeständnissen bewegen können. Immerhin kann er dann sicher sein, dass Sie den geforderten Preis auch bezahlen werden.

Doch wenn Sie ihn im Unklaren lassen und eher die Vorzüge der Konkurrenz hervorheben und der Bauträger womöglich noch unter Verkaufsdruck steht, können Sie schon den einen oder anderen Preisnachlass erzielen.

Am reinen Kaufpreis ist meist nicht viel zu ändern. Zu groß wäre das Risiko für den Bauträger, dass bei Bekanntwerden „echter“

TIPP

Rabatte das unliebsame Zugeständnis zum Standard wird. Mehr Spielraum gibt es jedoch, wenn es beispielsweise beim Kauf einer Wohnung um die Stellplätze oder um die Garage für das Auto geht. Hier können Sie darauf bestehen, einen zusätzlichen Stellplatz gratis zu bekommen oder den Einzelplatz in der Tiefgarage zum Preis eines Stellplatzes im Freien zu erhalten.

Extras statt Rabatt

Weitere Möglichkeiten eröffnen sich, wenn Sie die meist recht dürftige Grundausstattung einer Immobilie mit Sonderwünschen aufwerten wollen. Hier müssen Sie allerdings frühzeitig aktiv werden. Haben Sie nämlich den Kaufvertrag bereits unterzeichnet, ist jeder Sonderwunsch ein willkommener Anlass für den Bauträger, nochmals Aufschläge zu verlangen. Sie können sicher sein: Für jede zusätzliche Steckdose, jeden wertvolleren Bodenbelag und jede außergewöhnliche Wandfliesensorte dürfen Sie kräftige Aufpreise bezahlen. Ihre Verhandlungsposition bessert sich hingegen schlagartig, wenn Sie Ihre Unterschrift unter den Vertrag davon abhängig machen, dass Ihre Sonderwünsche zu besonders günstigen Preisen erfüllt werden. Damit Sie ganz sicher wissen, was im Festpreis enthalten ist und was Sonderleistungen sind, sollten Sie die Baubeschreibung, in der alle Leistungen beschrieben sind, prüfen lassen. Entsprechende Adressen finden Sie im Anhang auf S. 219 ff.

Sonderwünsche

Stellen Sie vor der endgültigen Verhandlung eine detaillierte Liste mit allen Extras auf, die zur Ausstattung Ihrer Immobilie gehören sollen. Legen Sie die Liste dem Bauträger vor, und handeln Sie bei jedem Punkt bis zur Schmerzgrenze. Dass als Gegenleistung für die Bezahlung des Listenpreises kostenlose Sonderausstattungen im Wert von 5.000 oder 10.000 Euro mehr oder weniger zähneknirschend eingeräumt werden, können Sie als marktüblich betrachten. Die endgültige Vereinbarung über Sonderwünsche sollten Sie dann zum festen Bestandteil des Notarvertrags machen, damit alles hieb- und stichfest bewiesen werden kann.

Wenn Sie Eigenleistungen erbringen, sollten Sie den dafür fälligen Preisnachlass zum Gegenstand Ihrer Verhandlung machen. Zunächst einmal gilt: Kein Bauträger ist wirklich daran interessiert, Eigenleistungen angemessen zu vergüten – immerhin verdient er ja an jeder Handwerkerleistung kräftig mit. Doch Sie müssen bedenken, dass Sie beim Verzicht auf eine Handwerkerleistung nicht nur die Arbeit selbst verrichten, sondern auch die Kosten für das Material übernehmen müssen. Und deshalb sollten Sie in der Diskussion über den Nachlass für Eigenleistungen auch berücksichtigen, dass damit sowohl Ihr zusätzlicher Arbeitsaufwand als auch die Materialkosten abgedeckt sind. Bei der Übernahme von Eigenleistungen sollten Sie daran denken, dass Sie für Terminverzögerungen anderer Gewerbe, die auf Ihre Arbeit folgen, auch verantwortlich sind; das schließt auch das finanzielle Risiko in Folge der terminlichen Verzögerung ein.

Nachlass für Eigenleistungen

Verhandeln beim Kauf gebrauchter Wohnungen und Häuser

Andere Ansatzpunkte haben Sie beim Kauf einer gebrauchten Immobilie. Hat beispielsweise der Besitzer bereits eine andere Immobilie gekauft und braucht das Geld dringend für deren Finanzierung, können Sie die Schnelligkeit zum Argument für das Preiszugeständnis machen. Wenn Sie schon sicher wissen, dass Sie genau dieses Objekt auch kaufen wollen, können Sie dem Verkäufer in Aussicht stellen, dass Sie sich bei einer Preisreduzierung innerhalb weniger Tage endgültig entscheiden werden.

Sind im angebotenen Haus oder der Wohnung noch Reparatur- oder Renovierungsarbeiten durchzuführen, können Sie diese für Ihre Argumentation nutzen. Werden die Reparaturen im Kaufpreis mit angeboten, erklären Sie sich bereit, gegen einen kräftigen Nachlass die Reparaturen in Eigenleistung durchzuführen. Sind Sie handwerklich weniger begabt, können Sie genau umgekehrt vorge-

Reparaturen und Renovierung

hen: Akzeptieren Sie den Kaufpreis – aber nur unter der Voraussetzung, dass der derzeitige Besitzer noch die eine oder andere Renovierungsarbeit auf seine Kosten durchführt.

Wenn der Alteigentümer noch Renovierungsarbeiten durchführen soll, müssen Sie auf die Qualität achten. Hier ist nämlich die Versuchung durchaus vorhanden, dass der billigste Anbieter genommen wird – Hauptsache, es hält bis zur Übergabe.

TIPP

Bei Wohnungen oder Häusern, die nur schwer verkäuflich sind, ist der Verhandlungsspielraum natürlich am größten. Dazu zählen beispielsweise Häuser mit sehr kleinem Grundstück, Wohnungen in großen Wohnblocks, Immobilien mit unpraktischen Grundrissen oder in ungünstiger Lage. Stört Sie der jeweilige Nachteil überhaupt nicht, sollten Sie sich das auf keinen Fall gleich anmerken lassen. Machen Sie das – für Sie unwichtige – Problem zum Hauptargument der Preisverhandlung. Erklären Sie, dass Sie trotz der erheblichen Nachteile zum Kauf bereit sind – natürlich gegen entsprechend großzügige Zugeständnisse.

Nachteil kann zum Vorteil werden

Auch den Faktor Zeit können Sie in der Preisverhandlung nutzen – nämlich dann, wenn der Verkäufer noch eine Übergangsfrist bis zum Einzug ins neue Heim benötigt. Zeigt sich der Besitzer beim Kaufpreis flexibel, können Sie ihm im Gegenzug eine günstige Miete bis zur endgültigen Übergabe in Aussicht stellen.

Top-Tipps Finden, Vergleichen, Verhandeln

- Beginnen Sie frühzeitig mit der Sondierung des Immobilienmarktes, um durch das Sichten einer Vielzahl von Angeboten ein Gespür für marktgerechte Preise zu bekommen.

- Nutzen Sie bei der Suche nicht nur Zeitungen und Anzeigenblätter, sondern auch die Möglichkeiten des Internets.
- Seien Sie vorsichtig mit Anfragen bei Maklern und Banken, weil Sie dann im Fall des Kaufs auf jeden Fall Provision bezahlen müssen.
- Achten Sie darauf, dass die Unterlagen, die Sie erhalten, vollständig und aussagekräftig sind.
- Wenden Sie sich bei Neubauten direkt an den Bauträger, weil Sie dort mehr Verhandlungsspielraum haben als bei Vermittlern.
- Sowohl bei Neubauten wie auch bei gebrauchten Immobilien gilt: Es wird nur selten der Preis bezahlt, der ursprünglich gefordert wurde. Finden Sie heraus, wo Sie Argumente für Preisnachlässe finden, und verhandeln Sie hartnäckig!

11 Vom Grundbuch-Check bis zum Notarvertrag

Wenn Sie die Immobilie Ihrer Wahl gefunden haben, wird es amtlich: Der Kaufvertrag wird nicht einfach per Handschlag geschlossen, sondern muss schriftlich vor dem Notar zuerst bekundet und dann beurkundet werden. Auf Basis des vom Notar beurkundeten Vertrags erfolgt dann die Eigentumsübertragung im Grundbuch.

Während Sie beispielsweise eine Bestellung bei einem Versandhändler rückgängig machen können, ist der notarielle Kaufvertrag ab dem Moment der Unterschrift unwiderruflich wirksam. Es gibt dann kein Zurück mehr – weder für den Käufer noch für den Verkäufer. Gehen Sie deshalb den Abschluss des Notarvertrags mit der gleichen Sorgfalt an wie die Auswahl der Immobilie.

Das Grundbuch

Das Grundbuch wird als öffentliches Verzeichnis bei den örtlich zuständigen Amtsgerichten oder Grundbuchämtern geführt. Es hat als amtliches Dokument einen besonderen Status und ist sozusagen der „Personalausweis“ des Grundstücks. Hier sind alle Eigentumsverhältnisse, Rechte und Pflichten gegeben, die mit dem Grundstück verbunden sind.

Amtliches Dokument

Die Gliederung des Grundbuchs ist immer gleich:

- Das Bestandsverzeichnis beschreibt das Grundstück. Darin aufgeführt sind Größe, Lage, Flurstücksnummer sowie Angaben zum Stand der Bebauung.

- In der Abteilung I werden die Eigentumsverhältnisse dargelegt. In dieser Rubrik finden Sie somit die Personalien der aktuellen Eigentümer.
- Die Abteilung II enthält so genannte Lasten und Beschränkungen wie beispielsweise Wege-, Nießbrauch- oder Wohnrechte.
- In die Abteilung III werden die Grundschulden und Hypotheken eingetragen – diese Rubrik stellt somit das „Schuldenregister" des Grundstücks dar.

Wenn Einträge gelöscht oder geändert werden, gibt es eine einheitliche Spielregel: Ungültig gewordene Einträge werden nicht durchgestrichen, sondern rot unterstrichen – dieses Verfahren wird in allen Grundbuchabteilungen angewandt. Maßgeblich sind für Sie folglich alle Einträge, die nicht rot unterstrichen sind.

Welche Einträge für Sie Nachteile bringen können

Alle Einträge im Grundbuch sind grundsätzlich unabhängig vom jeweiligen Eigentümer. Das bedeutet, dass Sie beim Kauf alle Eintragungen mit übernehmen. Auch als neuer Eigentümer können Sie Einträge nicht einfach löschen lassen – denn hier gilt die Prämisse, dass ein Grundbuchrecht nur von demjenigen gelöscht werden kann, dem dieses Recht zusteht. So kann beispielsweise die Löschung einer Grundschuld nur dann erfolgen, wenn die begünstigte Bank damit einverstanden ist.

Kritische Einträge

Zwar ist der Notar verpflichtet, Sie beim Kauf auf eventuell bestehende Eintragungen zu Gunsten Dritter hinzuweisen. Dennoch sollten Sie schon frühzeitig prüfen, ob kritische Einträge vorhanden sind, damit bei Bedarf deren Löschung rechtzeitig vor Abschluss des Notarvertrags in Gang gesetzt werden kann.

Damit Sie die Konsequenzen von solchen Fallstricken schnell erkennen können, finden Sie hier eine Übersicht der häufigsten Grundbucheinträge.

- **Wegerechte:** Einem Nachbarn wird die Zufahrt zu seinem Haus über das Grundstück gestattet. Damit müssen Sie ihm stets freien Zugang gewähren, und die Nutzung des Grundstücks ist eingeschränkt – das mindert den Wert ganz erheblich.
- **Leitungsrechte:** Auf dem Grundstück steht ein Stromleitungsmast, der natürlich für Wartungsarbeiten stets zugänglich sein muss und auch nicht unbedingt ein schöner Anblick ist. Auch damit sind Abstriche bei der Grundstücksnutzung verbunden.
- **Wohnrecht:** Dem Berechtigten wird eingeräumt, zeitlebens einen Teil des Hauses oder auch das ganze Haus bewohnen zu dürfen, ohne dass er hierfür Miete bezahlen muss.
- **Nießbrauchrecht:** Der Nutznießer darf alle Einkünfte aus dem Haus wie zum Beispiel Miete oder Pacht für sich vereinnahmen. Das würde im Extremfall bedeuten, dass der Eigentümer einer vermieteten Wohnung bis zum Ableben des Nießbrauchberechtigten keinen Cent von der Miete überwiesen bekommt.
- **Vorkaufsrecht:** Der Vorkaufsberechtigte hat die Möglichkeit, beim Verkauf des Hauses dem Kaufinteressenten innerhalb einer gewissen Frist zuvorzukommen. Allerdings muss er dabei dem Verkäufer den gleichen Preis bezahlen, den dieser mit dem ursprünglichen Käufer vereinbart hat.
- **Auflassungsvormerkung:** Dies bedeutet, dass bereits ein notarieller Kaufvertrag geschlossen wurde, die eigentliche Auflassung – das ist die Eintragung des neuen Eigentümers ins Grundbuch – jedoch noch nicht erfolgt ist. Dies gibt dem Berechtigten (also dem ursprünglichen Käufer) die Möglich-

keit einzugreifen, wenn der Verkäufer versucht, mit einem Dritten einen Kaufvertrag abzuschließen, weil dieser vielleicht einen höheren Preis geboten hat. Eine die Eigentumsumschreibung überholende Belastung oder Übereignung an einen anderen Käufer wäre unwirksam.

Wird ein Recht zu Gunsten einer öffentlichen Institution – beispielsweise der Gemeindeverwaltung – vereinbart, erfolgt die Eintragung nicht im Grundbuch, sondern im Baulastenverzeichnis der zuständigen Baubehörde. Dabei handelt es sich meist um Wege- oder Leitungsrechte (wie beispielsweise Wasserleitungen) zu Gunsten der Stadt oder Gemeinde. Ziehen Sie daher vor der Kaufentscheidung nicht nur den Grundbuchauszug, sondern auch den Auszug aus dem Baulastenverzeichnis zu Rate.

So bereiten Sie den Notarvertrag vor

Mit der Unterschrift unter den notariellen Kaufvertrag erfolgt der wichtigste Schritt beim Immobilienkauf: Mit der Unterzeichnung dieses Schriftstücks wird die Grundlage für den Eigentumsübergang des Grundbesitzes gelegt. Wenn sich schon vor dem Notartermin Käufer und Verkäufer in allen Punkten einig sind, läuft die Sitzung beim Notar reibungslos ab.

Geplatzte Verhandlung

Nicht jeder Notartermin endet mit der Unterschrift des Kaufvertrags. Wenn sich Käufer und Verkäufer nicht sorgfältig darauf vorbereitet haben, stellen sich bei der Ausarbeitung des Kaufvertrags oft Differenzen heraus, die einen Neubeginn der Verhandlungen notwendig machen oder im ungünstigsten Fall sogar das Geschäft zunichte machen können.

Der Kaufpreis ist dabei längst nicht der einzige Punkt, über den vor dem Vertragsabschluss Einigkeit herrschen sollte. Zunächst müssen Sie als Käufer dafür sorgen, dass die Finanzierung gesichert ist. Zusammen mit der Bank wird das Finanzierungskonzept erstellt, das dann nach dem Notartermin unterschrieben werden kann. Manche Verkäufer verlangen vom Käufer eine Finanzierungsbestätigung der Hausbank, um sicherzustellen, dass dieser den Kaufpreis auch bezahlen kann.

Unterschiede gibt es bei der Vereinbarung der Zahlungsfristen. Häufig wird vereinbart, dass der Kaufpreis vier oder sechs Wochen nach dem Abschluss des Kaufvertrags zu zahlen ist. Das kann sich beispielsweise ändern, wenn der Verkäufer noch einige Wochen oder Monate bis zum Auszug braucht. Entweder wird dann eine Übergangsmiete vereinbart, oder ein Teil des Kaufpreises wird erst nach der Übergabe der Wohnung oder des Hauses bezahlt.

Übergangsnutzung

Besonderheiten gibt es bei der Kaufpreiszahlung, wenn Sie ein Neubauobjekt von einem Bauträger kaufen. Hier schreibt die Makler- und Bauträgerverordnung vor, wie Schritt für Schritt nach Fertigstellung der einzelnen Bauabschnitte zu bezahlen ist.

Die Verteilung der Kosten funktioniert beim Abschluss des Notarvertrags meist recht einfach: Grunderwerbsteuer, Notarkosten und die Gebühren für die Eintragungen im Grundbuch übernimmt der Käufer, die Gebühren für die Löschung alter Grundschulden in der Regel der Verkäufer.

TIPP

Meist ist es sinnvoll, bestehende Grundschulden nicht löschen zu lassen, sondern für die Finanzierung gleich weiter zu verwenden. Dies geschieht durch eine privatschriftliche Abtretung von der Bank des Verkäufers an die Bank des Käufers. Ihr Vorteil dabei: Der Verkäufer muss keine Grundschulden löschen lassen, und Sie sparen sich die Gebühren für die Neueintragung im Zuge Ihrer Finanzierung.

Grundschulden weiterverwenden

Die laufenden Kosten wie beispielsweise öffentliche Abgaben werden normalerweise ab dem Zeitpunkt der Übergabe vom Käufer bezahlt. Doch hierbei – wie auch sonst im Notarvertrag –

gilt: Es herrscht Vertragsfreiheit, und wichtig ist nur, dass sich Verkäufer und Käufer einig sind. Wie die Kostenverteilung im Einzelnen geregelt wird, ist Verhandlungssache. Kosten für bereits abgeschlossene und noch nicht abgerechnete Erschließungen sollte jedoch der Verkäufer tragen.

Denken Sie nochmals daran: Wenn auf Kosten des Verkäufers noch Mängel beseitigt werden sollen, sollten Sie dies im Notarvertrag festhalten. Damit haben Sie eine schriftliche Vereinbarung in der Hand, die er bei Bedarf als Druck- oder Beweismittel einsetzen kann. Das Gleiche gilt für vereinbarte Vertragsstrafen, wenn ein Bauträger die Immobilie nicht fristgerecht fertigstellt.

Wichtig ist auch, dass Sie sich als Käufer eine Auflassungsvormerkung eintragen lassen. Damit können Sie sicher sein, dass bis zum Zeitpunkt der „offiziellen" Umschreibung im Grundbuch die Immobilie nicht anderweitig verkauft wird, nur weil jemand anderes mehr Geld bietet.

Wenn Sie die Fachbegriffe beim Notar nicht auf Anhieb verstehen, sollten Sie sich nicht scheuen, den Notar um eine Erläuterung zu bitten. Da dieser der Belehrungspflicht untersteht, muss er alle Fragen im Zusammenhang mit dem Kaufvertrag verständlich und ohne die Berechnung von zusätzlichen Gebühren beantworten. Gemeinsam mit dem Verkäufer können Sie den Notar auch beauftragen, einen Vertragsentwurf anzufertigen, den Sie in aller Ruhe schon vor dem eigentlichen Notartermin durcharbeiten können. Das verkürzt die Dauer der Sitzung und hilft, eventuelle Missverständnisse rechtzeitig zu klären.

Belehrungspflicht des Notars

Darüber sollten sich Käufer und Verkäufer vor dem Notartermin einig sein:

Höhe des Kaufpreises	
Zeitpunkt der Zahlung	
Zeitpunkt der Übergabe	
Bei Bedarf Höhe der Übergangsmiete	
Zeitpunkt des Übergangs der laufenden Kosten auf den Käufer	
Notwendigkeit einer Finanzierungsbestätigung	
Übernahme von Grundschulden durch den Käufer	
Beseitigung von Mängeln auf Kosten des Verkäufers	
Höhe der Vertragsstrafe bei nicht fristgerechter Fertigstellung durch den Bauträger	

Top-Tipps vom Grundbuch-Check bis zum Notarvertrag

- Prüfen Sie den Grundbuchauszug auf mögliche nachteilige Belastungen, und stellen Sie sicher, dass er sich auf dem neuesten Stand befindet.
- Fragen Sie beim örtlich zuständigen Bauamt nach, ob im Baulastenverzeichnis Einträge vorhanden sind.
- Klären Sie mit dem Verkäufer alle wichtigen Zahlungs- und Übergabemodalitäten frühzeitig vor dem Notartermin.
- Lassen Sie den Notar auf Basis der vereinbarten Modalitäten einen Vertragsentwurf erstellen, den Sie in aller Ruhe und bei Bedarf mit einem Fachmann durchgehen können.

12 Der Umgang mit Immobilienmaklern

Vor allem beim Kauf einer gebrauchten Wohnung oder eines älteren Hauses kommen Sie oft nicht umhin, sich auch mit Maklerangeboten zu befassen. Gerade beim Verkauf aus privater Hand zieht es der Eigentümer oft aus Gründen der Bequemlichkeit oder auch aus Unsicherheit vor, seine Immobilie mit Hilfe eines Maklers an den Markt zu bringen. Daher ist es für Sie wichtig zu wissen, wie die Spielregeln im Umgang mit Maklern aussehen, wann welche Provisionsansprüche entstehen und für welche Fehler der Makler haftet.

Der Maklervertrag

Basis der Maklertätigkeit ist zunächst einmal der Vertrag, der zwischen Makler und Verkäufer geschlossen wurde. Darin gewährt der Verkäufer dem Makler das Recht, seine Immobilie anzubieten und im Falle eines erfolgreichen Verkaufs vom Käufer eine Provision zu verlangen. Oft muss in diesem Fall auch der Verkäufer eine Provision an den Makler zahlen. Die Höhe der vom Verkäufer zu entrichtenden Provision liegt zwischen dem Nulltarif und rund 3,5 Prozent des erzielten Kaufpreises (inklusive Mehrwertsteuer). Der Verkäufer erteilt dem Makler entweder einen einfachen Auftrag oder einen Alleinauftrag.

Höhe der Verkäuferprovison

Einfacher Auftrag

Wenn sich der Eigentümer beim Verkauf seiner Immobilie alle Türen offen halten will – einschließlich der Möglichkeit, mit anderen Maklern zusammenzuarbeiten – erteilt er dem Makler lediglich einen einfachen Auftrag. Der Makler darf im Fall einer erfolgreichen Vermittlung zwar die vereinbarte Provision verlangen.

Wenn jedoch die Konkurrenz schneller ist, geht er leer aus, dasselbe Schicksal ereilt ihn auch im Falle des rein privaten Verkaufs.

Verständlicherweise wird hier der Makler mit seinen Werbeaufwendungen eher vorsichtig umgehen. Immerhin ist das Risiko groß, dass am Ende ein anderer das Geschäft macht und der ganze Aufwand vergebens war. Überdies hat der Auftraggeber hier auch nicht das Recht, vom Makler einen Mindestaufwand in Form von Anzeigenschaltungen zu verlangen. Ob die Vermittlung gelingt, ist hier eher vom Zufall abhängig.

Alleinauftrag

Exklusives Vertriebsrecht

Jeder Makler, der eine gewisse Marktposition vorweisen kann, wird versuchen, vom Auftraggeber einen Alleinauftrag zu verlangen. Hier bekommt der Makler das exklusive Vertriebsrecht. Dies kann so weit gehen, dass es dem Eigentümer sogar untersagt ist, auf eigene Faust Interessenten zu suchen. Verkauft er seine Immobilie unerlaubterweise privat, muss zwar der Käufer keine Maklerprovision zahlen – aber der Verkäufer muss die vereinbarte Verkäuferprovision entrichten. Eine Ausnahme besteht dann, wenn die Vereinbarung so ausgestaltet ist, dass keine fremden Makler beauftragt werden dürfen, aber private Verkaufsbemühungen möglich sind.

Auf der anderen Seite kann sich beim Alleinauftrag der Verkäufer darauf verlassen, dass der Makler auch für ihn aktiv wird. Im Rahmen des Marktüblichen muss der Makler Anzeigen schalten, bestehende Interessenten informieren, das Angebot in seinen Aushang mit aufnehmen und ein Exposé erstellen. Tut er dies nicht, hat er auch keinen Entschädigungsanspruch, wenn der Kunde mangels Aktivität einen anderen Vertriebsweg sucht.

Sowohl einfacher Auftrag wie auch Alleinauftrag haben eine Laufzeit, die zwischen Verkäufer und Makler frei vereinbart werden kann. Üblicherweise liegt die Vertragslaufzeit bei drei bis vier Monaten.

Nachweis und Vermittlung

Strittig ist oft die Frage, wann ein Provisionsanspruch des Maklers entsteht. Entscheidend ist dabei, ob in juristischer Hinsicht ein „Nachweis" oder eine „Vermittlung" vorliegt.

Missverständlicher Begriff

Der Begriff der „Vermittlung" wird in diesem Zusammenhang oft missverstanden. Darunter fällt nämlich nicht die Tatsache, dass eine Immobilie vermittelt wird. Die Vermittlung im rechtlichen Sinne beschränkt sich auf die Tätigkeit des Maklers während der Verhandlung zwischen Verkäufer und Interessent. Der Makler ist hier zwischen beiden Parteien als Vermittler tätig und sorgt dafür, dass sich beide so weit entgegenkommen, dass eine Einigung möglich ist.

Die oft als „Vermitteln" bezeichnete Hilfe bei der Suche fällt hingegen unter den rechtlichen Begriff des „Nachweises". Das heißt in der Praxis: Der Makler macht Sie mit etwas bekannt, das Sie vorher nicht wussten. Das kann die Adresse der zum Verkauf stehenden Immobilie sein, die Telefonnummer des Besitzers, die Durchführung einer gemeinsamen Besichtigung oder die Ihnen bisher unbekannte Preissenkung. Wenn Ihnen jedoch der Makler Unterlagen über ein Objekt schickt, das Ihnen bereits bekannt ist, kann dies nicht als Nachweis gewertet werden.

Rücksendung der Unterlagen

Ist Ihnen die Immobilie bereits bekannt, sollten Sie dem Makler die Unterlagen umgehend mit einem entsprechenden Begleitschreiben zurücksenden und ihn darauf hinweisen, dass Ihnen sämtliche Einzelheiten zu dem Objekt bereits anderweitig bekannt gemacht worden sind. Damit können Sie Streitigkeiten um ungerechtfertigte Provisionsforderungen vorbeugen.

Wann der Makler Anspruch auf Provision hat

Grundsätzlich gilt: Nur dann, wenn der Makler entweder in Form des Nachweises oder in Form der Vermittlung für Sie tätig war, darf er von Ihnen Provision verlangen. Deren Höhe liegt je nach Region meist zwischen 3,5 Prozent und 4,7 Prozent – jeweils inklusive Mehrwertsteuer – des Kaufpreises der Immobilie. Haben Sie privat eine Immobilie erworben, obwohl der Verkäufer einen Exklusivvertrag mit einem Immobilienmakler geschlossen hatte, müssen Sie keine Provision bezahlen. Der Makler hat lediglich das Recht, vom Verkäufer wegen Vertragsverletzung eine Entschädigung zu fordern – aber er kann sich nicht aufgrund seines Vertrags mit dem Verkäufer so verhalten, als hätte er einen Nachweis oder eine Vermittlung geleistet.

Kaufvertrag als Voraussetzung

Eine weitere Voraussetzung liegt darin, dass ein erfolgreich abgeschlossener Kaufvertrag vorliegen muss. Wird dieses Ziel nicht erreicht, erhält der Makler keinen Cent. Er darf weder vom Verkäufer Kostenerstattung für geschaltete Anzeigen verlangen noch von einem Interessenten Gebühren für die Erstellung und Zusendung der Unterlagen.

Für Sie als Käufer lauert beim Umgang mit Maklern eine Falle: Wenn Sie nämlich beim Kauf Ihrer Immobilie mehrere Makler eingeschaltet haben, kann es Ihnen unter Umständen passieren, dass von Ihnen mehrfach die volle Käuferprovision verlangt wird – und das ganz legal! Wie das passieren kann, zeigt das folgende Beispiel: Mit Makler A haben Sie eine Wohnung besichtigt, und Sie möchten sie nun kaufen. Zur Preisverhandlung nehmen Sie jedoch Makler B mit, da dieser Ihrer Meinung nach Ihre Interessen besser vertritt. Die Folge: Beide Makler dürfen die volle Käuferprovision von Ihnen fordern – Makler A für den Nachweis und Makler B für die Vermittlung.

TIPP

Wählen Sie einen einzigen Makler aus

Am übersichtlichsten bleibt für Sie die Situation, wenn Sie einen einzigen Makler mit der Suche nach dem passenden Objekt beauftragen. Voraussetzung dafür ist allerdings, dass es sich um einen erfahrenen und kompetenten Makler handelt, der Ihnen auch eine gute Auswahl bieten kann.

Wie schon erwähnt, gilt auch hier die Regel: Haben Sie festgestellt, dass Ihnen ein Makler Informationen über eine bereits bekannte Immobilie liefert, müssen Sie umgehend aktiv werden. Teilen Sie dem Makler schriftlich und am besten per Einschreiben mit, dass Ihnen alle Unterlagen über das betreffende Objekt bereits vorliegen, schicken Sie die Informationen postwendend zurück und brechen Sie die Zusammenarbeit ab. Würden Sie in solch einem Fall die Gespräche mit dem zweiten Makler fortsetzen, könnten unter Umständen zwei Makler Nachweis oder Vermittlung geltend machen.

Wofür ein Makler haftet

Wenn Ihnen ein Makler wissentlich Mängel oder gravierende Nachteile verschweigt, kann er Ihnen gegenüber schadenersatzpflichtig werden – sofern Sie den Makler beauftragt haben und er so Ihr Vertragspartner geworden ist. Denn Sie haben einen Anspruch auf umfassende Information, wenn Sie die Informationen über eine Immobilie von einem Makler beziehen. Ebenso können Sie erwarten, dass der Makler alle notwendigen Auskünfte vom Eigentümer eingeholt hat.

Falsche Informationen

Haftungsansprüche können beispielsweise dann entstehen, wenn der Makler zu Ihnen sagt, die Wohnung würde umgehend frei werden, obwohl er genau weiß, dass noch nicht einmal der seit vielen Jahren laufende Mietvertrag gekündigt ist. In diesem Fall könnten Sie von ihm verlangen, die Mehrkosten für die längere Zwischenfinanzierung zu übernehmen.

Die Haftungsregelungen gelten nicht nur für reinrassige Makler, sondern auch für die Immobilien- und Kreditabteilungen der Banken, die oft ebenfalls als Immobilienmakler am Markt tätig sind.

Top-Tipps für den Umgang mit Immobilienmaklern

- Betrachten Sie die Zusammenarbeit mit einem Makler als Ausweichlösung für den Fall, dass Sie auf dem privaten Weg keine Immobilie finden – denn die hohe Provision müssen Sie in Ihre Finanzierung einkalkulieren!
- Schicken Sie Unterlagen sofort zurück, wenn Ihnen die Immobilie bereits bekannt ist.
- Arbeiten Sie nicht parallel mit mehreren Maklern, um mehrfache Provisionsforderungen zu vermeiden.
- Prüfen Sie bei Streitigkeiten wegen Mängeln, ob ein Haftungsanspruch gegen den Makler vorliegt.

13 Ein Eigenheim ersteigern

Jahr für Jahr kommen bei den etwa 800 Amtsgerichten in Deutschland mehr als 40.000 Immobilien unter den Hammer. Die häufigsten Gründe für die Zwangsversteigerung einer Immobilie sind:

- Der Besitzer hat sich überschuldet und kann die Kreditraten nicht mehr bezahlen. Die kreditgebende Bank macht dann von ihrem Recht Gebrauch, die Grundschulden per Zwangsversteigerung zu verwerten.
- Sind als Besitzer zwei Ehepartner eingetragen, kommt es im Fall der Scheidung oft zu Streitigkeiten, wer die Immobilie übernimmt. Kann man sich über die Modalitäten für Übernahme oder Verkauf nicht einigen, bleibt als einzige Lösung nur noch die Zwangsversteigerung.
- Ähnlich ist es im Erbschaftsfall, wenn sich die Erben nicht auf eine gemeinsame Verwertung des Grundbesitzes verständigen können. Dann wird zur Aufhebung der Erbengemeinschaft zwangsversteigert.

Die Versteigerungen bieten für den Käufer die Chance, zu einem niedrigen Preis eine Immobilie zu erwerben.

Niedrige Preise

Aus welchen Gründen auch immer eine Immobilie versteigert wird, der Kaufpreis liegt meist deutlich unter dem eigentlichen Marktwert. Der Grund dafür ist der Zeitdruck: Bei der Zwangsversteigerung kann der Verkäufer nicht in aller Ruhe abwarten, bis er einen Käufer findet, der einen guten Preis für die Immobilie bezahlt. Ist die Zwangsversteigerung erst einmal angesetzt, muss der Verkauf schnell über die Bühne gehen – und dann wird auch ein Preis akzeptiert, der weit unter dem üblichen Marktniveau liegt.

Wie die Zwangsversteigerung abläuft

Wenn der Besitzer einer Immobilie seine Schulden nicht mehr bezahlen kann und mit den Rückzahlungsraten in Verzug ist, kann die Bank, die die Grundschuld als Kreditsicherheit besitzt, beim zuständigen Amtsgericht die Zwangsversteigerung beantragen. Nachdem das Gericht die Ansprüche des Antragstellers geprüft hat, wird das Verfahren eingeleitet.

Zunächst einmal wird die Zwangsversteigerung bekannt gegeben – das geschieht meist etwa vier bis acht Wochen vor der Versteigerung durch Bekanntmachungen in lokalen oder regionalen Tageszeitungen.

Bis zum Versteigerungstermin liegt beim Gericht die Versteigerungsakte aus, die von Interessenten eingesehen werden kann. Hierin befinden sich

- das Wertgutachten eines vereidigten Schätzers über den Verkehrswert der Immobilie,
- Angaben über das Objekt (Baujahr, Lage, Größe, Zustand etc.) sowie
- ein Grundbuchauszug, der Aufschluss darüber gibt, ob besondere Belastungen wie z.B. bestehende Wohn- oder Wegerechte vorhanden sind.

Die Versteigerung jedoch während der so genannten „Bietstunde“ statt – diese dauert jedoch maximal 30 Minuten! Mitbieten dürfen Sie nur, wenn Sie die notwendige „Sicherheitsleistung“ in Höhe von 10 Prozent des geschätzten Verkehrswertes hinterlegen. Die Hinterlegung muss in Form von Bargeld, als Bankbürgschaft oder durch einen von Ihrer Bank bestätigten Scheck erfolgen.

Sobald Sie das erste Gebot abgeben, notiert der Rechtspfleger Ihre Personalien und kassiert die Sicherheitsleistung. Wer nach

Die Abgabe des Gebots

Ablauf der Bietstunde das höchste Gebot abgegeben hat, bekommt den Zuschlag und wird sofort Eigentümer der Immobilie.

Notarvertrag und Auflassung gibt es übrigens bei der Zwangsversteigerung nicht – die Umschreibung wird direkt vom Gericht veranlasst. Der Vorteil für Sie als Käufer besteht darin, dass Sie die Notarkosten (ca. 1,5 Prozent des Kaufpreises) sparen und lediglich die Zuschlagsgebühren in Höhe von 0,5 Prozent des erzielten Preises entrichten müssen.

Etwa sechs Wochen nach dem Zuschlag wird der gerichtliche Verteilungstermin angesetzt. Dann muss der Rest des Kaufpreises bezahlt werden – zuzüglich anteiliger Zinsen in jährlicher Höhe von vier Prozent und Zuschlagsgebühr.

Erst finanzieren, dann bieten!

Regeln Sie unbedingt die Finanzierung vor dem Versteigerungstermin. Wenn Sie bis zum Verteilungstermin Ihre Finanzierung nicht unter Dach und Fach haben, droht nämlich gleich die nächste Zwangsversteigerung – bei Verzögerungen kennen Gerichte kein Pardon!

Der Zweittermin

Nicht jede zur Zwangsversteigerung anstehende Immobilie findet gleich beim ersten Versteigerungstermin einen Käufer. Der Grund: Beträgt das höchste Gebot weniger als 70 Prozent des geschätzten Verkehrswertes, darf der Grundschuldgläubiger dem Zuschlag widersprechen. Das kann insbesondere dann der Fall sein, wenn die Kreditbelastung so hoch ist, dass die Schulden aus dem Verkaufserlös nicht bezahlt werden können.

Liegt beim ersten Zwangsversteigerungstermin das höchste Gebot mehr als 50 Prozent unter dem Verkehrswert, können Sie den Zuschlag sowieso ad acta legen. In diesem Fall greift der gesetzliche Schuldnerschutz, der es verbietet, dass durch die Notlage des Schuldners sein Besitztum zu einem Bruchteil des Wertes verschleudert wird.

Wenn der erste Zwangsversteigerungstermin nicht mit dem Verkauf der Immobilie endet, wird vom Gericht ein zweiter Termin festgesetzt. In diesem Zweittermin gibt es allerdings keine Mindestgrenzen mehr – und dann könnte rein theoretisch die Immobilie auch für 30 oder 40 Prozent des Verkehrswertes den Besitzer wechseln, ohne dass jemand dagegen vorgehen kann.

Keine Mindestgrenze

Bei Zweitterminen stehen oft so genannte „Problemimmobilien" zur Versteigerung an, die unter Umständen mit gravierenden Nachteilen oder Mängeln behaftet sein können. Prüfen Sie in solchen Fällen die Unterlagen vor dem Mitbieten besonders gründlich, um einen Fehlkauf zu vermeiden!

Wie Sie sich richtig vorbereiten

Bei der Zwangsversteigerung ist vieles anders als beim „normalen" Immobilienkauf. Deshalb ist es für Sie unerlässlich, dass Sie sich richtig vorbereiten – nur so können Sie als Bieter wirklich Erfolg haben. Bedenken Sie also die wesentlichen Unterschiede zwischen der Zwangsversteigerung und dem Kauf auf dem freien Markt:

- Bei der Zwangsversteigerung können Sie nicht in aller Ruhe über den Kauf entscheiden. Der Zuschlag erfolgt in der Bietstunde – da brauchen Sie gute Nerven!
- Der endgültige Verkaufspreis ist nicht von vornherein festgelegt. Wer sich vom Versteigerungstrubel anstecken lässt, läuft Gefahr, über sein persönliches Limit hinaus mitzubieten!
- Anders als beim Kauf vom Makler oder Bauträger gibt es keine Alternativangebote, die Sie in den Vergleich einbeziehen kön-

nen. Sie müssen deshalb genau wissen, ob Sie die Immobilie wirklich ersteigern wollen!

Besonders wichtig ist es daher, sich mit der Atmosphäre bei Zwangsversteigerungen vertraut zu machen. Besuchen Sie erst einmal ein paar Versteigerungen ohne konkrete Kaufabsicht und beobachten Sie genau, wie sich die Interessenten beim Bieten verhalten. Machen Sie sich ruhig Notizen, und werten Sie die Ergebnisse für sich aus.

TIPP

Kein Test mit einem Traumhaus!

Gehen Sie in der Vorbereitungsphase möglichst zu Versteigerungen, bei denen Sie ganz sicher wissen, dass Ihnen die Immobilie nicht zusagt, denn sonst ärgern Sie sich vielleicht hinterher, dass ein für Sie attraktives Objekt zu Schnäppchenpreis unter den Hammer gekommen ist!

Als Nächstes stecken Sie den Rahmen ab, in dem sich ein für Sie akzeptables Objekt befinden muss. Beantworten Sie für sich in aller Ruhe die folgenden Fragen:

- Suchen Sie eine Wohnung, ein Haus oder ein Baugrundstück?
- In welcher Gegend sollte sich die Immobilie befinden?
- Wie alt und wie renovierungsbedürftig darf die Immobilie sein?
- Wie hoch darf der Kaufpreis höchstens sein?
- Wollen Sie nach dem Kauf selbst einziehen oder das Objekt vermieten?

Haben Sie eine passende Immobilie ausfindig gemacht, steht der nächste Schritt an. Klären Sie mit Ihrer Hausbank die Finanzierung und veranlassen Sie, dass Ihnen zur Zwangsversteigerung die notwendige Sicherheitsleistung von zehn Prozent des Verkehrswertes zur Verfügung gestellt wird. Bei der Versteigerung werden als Sicherheitsleistung

- Bargeld,
- ein von der Bank bestätigter Scheck oder
- eine Bürgschaft der Hausbank

akzeptiert.

Alte Schecks zählen nicht

Der Scheck darf allerdings zum Zeitpunkt der Versteigerung nicht zu alt sein – die darauf vermerkte Vorlegungsfrist muss noch mindestens drei Tage über den Versteigerungstermin hinaus gehen. Ist dies nicht der Fall, wird der Scheck nicht als Sicherheit akzeptiert.

Eine Bürgschaft lohnt sich nur dann, wenn Sie regelmäßig eine Zwangsversteigerung besuchen und mitbieten wollen. Die Kosten hierfür sind deutlich höher als diejenigen, die für das Ausstellen eines bankbestätigten Schecks verlangt werden. Zum Vergleich: Einen bestätigten Scheck gibt es für gute Kunden zum Nulltarif, während eine Bürgschaft je nach Höhe einige hundert Euro kosten kann.

Was Sie über die Immobilie wissen müssen

Wenn Sie eine Immobilie gefunden haben, die Ihnen zusagt, sollten Sie sich rechtzeitig vor dem Versteigerungstermin um die nötigen Fakten kümmern.

Der erste Schritt ist, dass Sie die Versteigerungsakte einsehen, denn die dürftigen Angaben in der Bekanntmachung reichen als Entscheidungsgrundlage nicht aus. Im Amtsgericht ist die Versteigerungsakte hinterlegt, die alle wichtigen Daten und Fakten enthält. Prüfen Sie gründlich die Beschreibung des Objekts und vor allem auch den Grundbuchauszug. Wege-, Wohn- oder Nießbrauchrechte werden bei der Versteigerung meist nicht gelöscht. Auch Rückstände beim Wohngeld muss der neue Eigentümer begleichen – wenn Sie sich nicht vorher schlau machen, können Sie hinterher eine böse Überraschung erleben!

TIPP

Lastenfreie Übergabe

Fragen Sie den Rechtspfleger, ob die Immobilie nach der Versteigerung lastenfrei übergeben wird. Der Rechtspfleger ist als Beamter des Gerichts mit der Zwangsversteigerung betraut und kann Ihnen auch Auskünfte über die entsprechende Immobilie geben. Falls dies nicht der Fall ist, müssen Sie die Höhe der verbleibenden Belastungen ermitteln und hinterher Ihr Limit entsprechend absenken.

Auch das Wertgutachten ist meist Bestandteil der Versteigerungsakte – aber Vorsicht: Jeder Schätzer hat einen gewissen Spielraum, und jeder Gläubiger ist daran interessiert, dass die Immobilie möglichst hoch bewertet und dann auch zu einem hohen Preis verkauft wird. Prüfen Sie deshalb anhand vergleichbarer Immobilien, ob der angegebene Preis im Wertgutachten realistisch angesetzt ist, und nehmen Sie gegebenenfalls einen Abschlag vor!

Als Nächstes ist es ratsam, einen Besichtigungstermin zu vereinbaren. Nehmen Sie mit dem Besitzer der Immobilie Kontakt auf und fragen Sie ihn, ob Sie sein Haus oder seine Wohnung besichtigen können. Meist zeigen sich die Besitzer kooperativ, denn sie wissen, dass sich nur durch Offenheit und fundierte Information ein guter Verkaufspreis erzielen lässt.

Kein Anspruch auf Besichtigung

Allerdings haben Sie auf die Besichtigung keinen Rechtsanspruch. Der Besitzer kann sich weigern. Dann sollten Sie sich allerdings fragen, ob Sie überhaupt mitbieten und damit die Katze im Sack kaufen wollen.

Bei der Besichtigung können Sie auch gleich feststellen, ob und wie lange die Immobilie schon vermietet ist – das kann unter Umständen den Einzug gewaltig verzögern. Ist sie vom Eigentümer selbst bewohnt, gelten bei der Räumung nur dann Härteklauseln, wenn ihm ein schneller Auszug aus Alters- oder Krankheitsgründen nicht zugemutet werden kann.

Wenn Sie alle Unterlagen geprüft und die Immobilie besichtigt haben, setzen Sie Ihr Limit, bis zu dem Sie mitbieten wollen. Ohne Limit wird das Steigern gefährlich – Sie laufen Gefahr, beim Kauf mehr zu bezahlen, als Sie ursprünglich wollten.

Je nach Immobilie sollte das Limit etwa 80 bis 90 Prozent des Marktwertes betragen. Vergessen Sie dabei nicht, eventuelle „Altlasten" wie Wohn- und Wegerechte oder Rückstände bei den Wohngeldzahlungen ins Limit einzubeziehen!

Setzen Sie sich eine „ungerade" Zahl als Limit – zum Beispiel 130.500 Euro anstatt 130.000 Euro. Die meisten Bieter steigern ihr Gebot in vollen Tausenderschritten. So können Sie unter Umständen mit den letzten 500 Euro die Versteigerung für sich entscheiden!

Kontaktieren Sie den Gläubiger

Wichtig ist auch die frühe Kontaktaufnahme zum Hauptgläubiger – das ist in aller Regel die finanzierende Bank des Eigentümers. Sie können ihm beispielsweise anbieten, die Immobilie vor der Versteigerung zu dem von Ihnen vorgeschlagenen Preis zu übernehmen. Das klappt manchmal, und in solchen Fällen können Sie beim Kauf den Nervenkitzel sparen und vermeiden, dass Sie beim Bieten von Versteigerungsprofis hochgetrieben werden.

Findet sich im letzten Moment ein Käufer oder bekommt der Schuldner seine finanziellen Probleme in den Griff, wird die Zwangsversteigerung abgeblasen. Rufen Sie deshalb einen oder zwei Tage vor dem Termin beim Amtsgericht an und erkundigen Sie sich, ob die Versteigerung auch wirklich stattfindet.

So verhindern Sie, dass Sie beim Bieten aufs Glatteis geführt werden

Jeder gegen jeden, und jeder nur für sich – nach diesem Motto versuchen alle Beteiligten, bei der Zwangsversteigerung die

Schwächen ihrer Bietkonkurrenten zum eigenen Vorteil zu nutzen. Deshalb ist es für Sie wichtig, als Bieter die Nerven zu behalten und sich nicht aus dem Konzept bringen zu lassen. Hier die wichtigsten Regeln:

- **Unregelmäßig steigern:** Gehen Sie mal in kleinen, mal in größeren Schritten vor. Das bringt Ihre Konkurrenten aus dem Konzept. Je unkalkulierbarer Sie bieten, desto vorsichtiger sind Ihre Gegner, weil sie nicht richtig einschätzen können, wo Ihr Limit liegt.
- **Desinteresse heucheln:** Wenn Ihnen die Immobilie besonders gut gefällt, darf das bei der Versteigerung niemand merken! Tun Sie so, als wäre die Immobilie für Sie nur interessant, wenn sie zum echten Schnäppchenpreis den Besitzer wechselt.
- **So tun, als wäre das Limit erreicht:** Tun Sie schon etwa 10 Prozent unter dem Limit so, als wäre dies das äußerste Gebot. Damit können Sie diejenigen abhängen, die die Immobilie nicht kaufen, sondern nur den Preis hochtreiben wollen.
- **Nicht auf die Bankentricks hereinfallen:** Oft bietet die Gläubigerbank selbst mit – aber nicht unbedingt mit dem Ziel, selbst zu kaufen! Die Banken wollen erreichen, dass das Objekt so teuer wie möglich verkauft wird. Deshalb bieten sie zu Beginn kräftig mit, um die Stimmung anzuheizen. Ihr Schutz: Lassen Sie sich von der Biet-Euphorie nicht anstecken, und beginnen Sie rechtzeitig so zu tun, als hätten Sie Ihr Limit erreicht.

Ihre Risiken beim Ersteigern

Haben Sie den Zuschlag erhalten, erhalten Sie den Zuschlagsbeschluss und sind damit neuer Eigentümer der Immobilie. Nun geht es nicht nur um das endgültige Festzurren der Finanzierung, sondern auch darum, sich den reibungslosen Einzug zu sichern.

Wenn die Immobilie vermietet ist, müssen Sie schnell handeln. Sie haben zwar ein Sonderkündigungsrecht und dürfen dem Mieter mit einer Frist von drei Monaten kündigen – doch dies können Sie nur bis zum dritten Werktag des auf die Zwangsversteigerung folgenden Monats tun. Außerdem brauchen Sie einen triftigen Kündigungsgrund wie beispielsweise Eigenbedarf.

Ausnahmen in Härtefällen

Ist die Immobilie noch vom Eigentümer bewohnt, muss dieser nach dem Zuschlag räumen. Ausnahme: Bei alten oder kranken Eigentümern kann sich die Räumung verzögern, weil diese einen Anspruch auf besondere Rücksichtnahme in Härtefällen haben.

Wenn der Bewohner noch eine Übergangsfrist braucht, dürfen Sie keinesfalls mietähnliche Zahlungen von ihm fordern! Ansonsten wäre dies ein sicheres Indiz, dass ein unbefristeter Mietvertrag geschlossen wurde – mit allen nachteiligen Konsequenzen für Sie beim Versuch, den Vertrag zu beenden!

Trotz günstiger Gelegenheiten sollten Sie bedenken, dass mit dem Kauf bei der Zwangsversteigerung besondere Risiken verbunden sind. Für Pfusch am Bau können Sie nach der Zwangsversteigerung niemand haftbar machen – weder den Vorbesitzer noch den Gutachter, der absichtlich oder unabsichtlich das undichte Dach oder ein feuchtes Mauerwerk „übersehen" hat. Das beste Gegenmittel ist die vorherige gründliche und kritische Besichtigung vom Keller bis unters Dach.

Keine Haftung für Bebauungsplan

Auch haftet niemand dafür, dass die Angaben im Bebauungsplan korrekt sind. Das heißt im allerschlimmsten Fall: Sie haben ein Grundstück ersteigert, wollen darauf bauen und reichen Ihren Bauplan ein. Doch das Bauamt teilt Ihnen mit, dass der in der Akte ausgewiesene Bebauungsplan veraltet ist und das Grundstück überhaupt nicht mehr bebaut werden kann. Dann hätten Sie für teures Geld ein nutzloses Grundstück gekauft und hätten keinen Anspruch auf Schadenersatz. Deshalb gilt: Verlassen Sie sich bei Grundstücken nicht auf die Versteigerungsakte, sondern fordern Sie persönlich beim Bauamt einen aktuellen Bebauungsplan an!

Nicht verwechseln: Private Auktionen und Zwangsversteigerungen!

Nicht nur bei der Zwangsversteigerung kommen Immobilien unter den Hammer. Auch ohne Beschluss des Amtsgerichts können Häuser, Wohnungen und Grundstücke öffentlich versteigert werden – allerdings unterscheidet sich hier der Ablauf in einigen Punkten von der Zwangsversteigerung.

Sorgfältige Prüfung

Private Immobilienauktionen werden von öffentlich bestellten und vereidigten Auktionatoren durchgeführt. Diese Auktionshäuser erstellen regelmäßig Objektkataloge, über die sich Interessenten vor dem Kauf informieren können. Der Auktionator muss auch dafür sorgen, dass die Angaben und Grundbuchdaten sorgfältig geprüft werden.

Wie bei der Zwangsversteigerung geben Sie bei privaten Auktionen Ihre Gebote ab, und der Meistbietende erhält den Zuschlag. Dennoch gibt es ein paar wichtige Unterschiede:

- Der Vertrag wird gleich bei der Versteigerung von einem anwesenden Notar beurkundet, denn der Auktionator darf – im Gegensatz zum Rechtspfleger des Gerichts – keine Grundstücksübertragungen rechtswirksam durchführen.
- Das bedeutet gleichzeitig, dass Sie anstatt der niedrigeren Zuschlagsgebühr die vollen Notarkosten bezahlen müssen.
- Die Bietsicherheit beträgt ebenfalls 10 Prozent – aber nicht vom Verkehrswert, sondern vom Zuschlagspreis.
- Wenn Sie bei einer privaten Auktion eine Immobilie erstehen, müssen Sie an den Auktionator eine Courtage bezahlen, die je

nach Auktionshaus und Objektwert etwa 5 bis 10 Prozent des Zuschlagspreises beträgt.

- Wenn Sie diese Gesichtspunkte berücksichtigen, werden Sie feststellen: Die private Auktion ist aufgrund der hohen Nebenkosten keine allzu gewinnbringende Alternative zum Kauf bei der Zwangsversteigerung. Zwar bekommen Sie hier Objekte angeboten, die nicht unter finanziellem Druck verkauft werden müssen – aber im Gegenzug müssen Sie in der Regel auch deutlich mehr bezahlen als bei der Zwangsversteigerung.

Top-Tipps für die Ersteigerung eines Eigenheims

- Bevor Sie bei einer Zwangsversteigerung ernsthaft mitbieten wollen, sollten Sie zunächst ohne Kaufabsicht einige Termine besuchen, um mit den Regeln vertraut zu werden.
- Seien Sie bei der Besichtigung des Objekts besonders kritisch, weil Sie keinerlei Haftungs- und Gewährleistungsansprüche gegenüber dem Vorbesitzer geltend machen können.
- Steigern Sie nur mit, wenn Sie eine verbindliche Finanzierungszusage haben, denn Sie müssen den Kaufpreis sehr kurzfristig bezahlen.
- Prüfen Sie die Möglichkeit, vor der Zwangsversteigerung die Immobilie auf dem „offiziellen" Weg zu einem günstigen Preis zu kaufen.
- Fallen Sie nicht auf Preistreiberei von Bietkonkurrenten herein – manchmal steckt die Gläubigerbank dahinter, die lediglich an einem hohen Versteigerungserlös interessiert ist.

14 Menschen und Gebäude richtig versichern

Beim Besitz einer Immobilie sollten Sie sich gegen einige Risiken auf jeden Fall absichern: So muss das Gebäude gegen die Zerstörung durch Feuer oder Naturgewalten versichert sein. Als Bauherr können Sie bei Unfällen mit Haftungsansprüchen konfrontiert werden, auch dagegen sollten Sie sich absichern.

Welche Policen für Sie wichtig sind, hängt von der Art Ihres Wohneigentums ab. Dabei gelten die folgenden Grundsätze:

- Um die Finanzierung zu sichern, sollten Sie als Wohnungs- oder Hauseigentümer eine Berufsunfähigkeits- und Risikolebensversicherung abschließen.
- Als Wohnungseigentümer brauchen Sie sich nicht um die Gebäudeversicherung zu kümmern, weil diese gemeinschaftlich abgeschlossen wird. Beim Kauf oder Bau eines Hauses müssen Sie diese Versicherung hingegen in Eigenregie abschließen.
- Wenn Sie in Eigenregie bauen, müssen Sie den Rohbau versichern, eine Bauherren-Haftpflichtversicherung abschließen und bei Eigenleistungen die unentgeltlich tätigen Helfer gegen Unfälle versichern.

Die Wohngebäudeversicherung

Kein Kredit ohne Versicherung

Die Feuerversicherung ist ein absolutes Muss – denn ohne diese Police wäre keine Bank bereit, Ihr Eigenheim zu finanzieren. Sie können sie einzeln abschließen oder aber, was ratsam ist, als Teil einer kompletten Gebäudeversicherung, die üblicherweise nach dem Einzug folgende Risiken abdeckt:

- **Feuer:** Nicht nur der Brandfall fällt unter die Feuerversicherung, sondern auch Blitzschlag, Explosion, Schäden durch Flugzeugabsturz sowie die durch Löschwasser, Ruß und Rauch entstandenen Beschädigungen.
- **Leitungswasser:** Wenn an Wasser- oder Heizungsrohren ein Defekt entsteht, können teure Schäden an Einrichtung und Bausubstanz entstehen. Auch Schäden am Gebäude durch geplatzte Schläuche – wie etwa bei Geschirrspül- oder Waschmaschinen – sind dadurch abgedeckt.
- **Sturm und Hagel:** Darunter fallen Unwetterschäden – vom abgedeckten Dach über eingedrückte Fenster bis hin zu Beschädigungen durch umstürzende Bäume.

Aber Vorsicht: Die Versicherung springt nicht immer ein. So werden Sturmschäden meist nur dann ersetzt, wenn der Sturm mindestens Windstärke acht erreicht hat. Bei manchen Billiganbietern von Versicherungen gibt es sogar die Klausel, dass erst ab Windstärke zwölf bezahlt wird – solche Orkane kommen in Deutschland nur äußerst selten vor.

Versicherung des Rohbaus

Die Absicherung gegen Feuer-, Leitungswasser- und Sturmschäden erfolgt entweder getrennt für jede Gefahrengruppe oder im Komplettpaket. Absolut unverzichtbar ist für Sie – wie schon erwähnt – die Feuerversicherung. Sinnvoll ist es hingegen allemal, auch Leitungswasser- und Sturmschäden mit abzudecken. Daher sollten Sie schon vor Beginn der Bauarbeiten eine Wohngebäudeversicherung abschließen. Die Versicherung des Rohbaus gegen Feuer ist dann meist für sechs Monate beitragsfrei eingeschlossen.

Doch ganz sorglos sollten Sie auch dann nicht sein, wenn Sie gut versichert sind. Wenn nämlich eine so genannte „Obliegenheitsverletzung" vorliegt, müssen Sie für den Schaden selbst aufkommen, weil Sie Ihre Sorgfaltspflichten nicht erfüllt haben. Eine

Obliegenheitsverletzung liegt beispielsweise vor, wenn Geschirrspül- oder Waschmaschinen in Abwesenheit des Bewohners laufen und dabei ein Schlauch platzt oder ein Weihnachtsbaum mit brennenden Wachskerzen unbeaufsichtigt gelassen wird.

Regionale Prämiensätze

Die Tarife bei der Leitungswasser- und Sturmschädenversicherung sind im Bundesgebiet nicht einheitlich. Der Grund: Die Versicherungen unterscheiden zwischen mehr oder weniger gefährdeten Regionen, in denen unterschiedliche Beitragssätze gelten. So sind beispielsweise die Prämien für Leitungswasserversicherungen in den Bergregionen Bayerns teurer als im wärmeren Rheintal. Achten Sie deshalb darauf, dass der Versicherer Ihnen ein Angebot vorlegt, das auch für Ihre Region gültig ist.

Bei der Wohngebäudeversicherung kommt es nicht allein auf die Höhe der Versicherungsprämie an. Manche Gesellschaften bieten zusätzlich zur Grundabsicherung weitere kostenlose Versicherungsleistungen an, die für Sie unter Umständen nützlich sein können. Dazu zählen beispielsweise:

- Grundstücksbestandteile, die nicht zum Gebäude zählen – wie etwa Zäune, Carports oder Leuchten – werden mitversichert. Das kann bei aufwändigen Außenanlagen für Sie interessant sein.
- Überspannungsschäden, die durch einen Blitzschlag in die Stromleitung verursacht werden, sind mitversichert.
- Aufräumkosten für umgestürzte Bäume werden mitversichert – das ist dann sinnvoll, wenn sich auf Ihrem Grundstück einige ältere große Bäume befinden.

Auch die Höhe der Selbstbeteiligung im Schadensfall wird von den Anbietern sehr unterschiedlich gehandhabt. Manche Gesellschaften bieten einen Beitragsnachlass an, wenn der Eigentümer kleinere Schäden selbst bezahlt. Allerdings gilt: Eine Selbstbeteiligung lohnt sich nur dann, wenn die Höhe des jährlichen Beitragsnachlasses mindestens 10 Prozent der Selbstbeteiligungssumme entspricht. Ansonsten sollten Sie darauf verzichten.

Aufschlag für Risiken

Je nach Haustyp kalkulieren die Versicherungen mit unterschiedlichen Risikoaufschlägen. So werden Fertighäuser bei der Feuerversicherung meist mit höheren Prämien belegt, und bei der Leitungswasserversicherung gibt es Aufschläge für Schwimmbäder oder Fußbodenheizungen. Neubauten sind hingegen wegen der niedrigeren Risiken bei Versicherungen begehrt – und dann gibt es Rabatt für den Eigentümer.

Stellen Sie dem Versicherer für die Angebotserstellung immer eine detaillierte Baubeschreibung zur Verfügung – damit können Sie sichergehen, dass in Bezug auf Immobilienwert und Risiko richtig kalkuliert wird.

Allerdings deckt die übliche Gebäudeversicherungs-Police nicht alle Risiken ab. So sind Schäden durch Überschwemmungen, Erdbeben, Lawinen oder Erdrutsch darin nicht abgedeckt – diese fallen unter die so genannte „Elementarschaden-Versicherung".

Bei dieser Versicherung haben Sie es als Kunde mit einem ganz speziellen Problem zu tun: Voraussetzung bei den meisten Versicherungen ist nämlich, dass der neue Kunde in den vergangenen zehn Jahren keinen Schaden hatte. Da Erdbeben in Deutschland äußerst selten sind, geht es vor allem um Immobilien in hochwasser- und lawinengefährdeten Gebieten.

Rigorose Ausschlüsse

Das bedeutet jedoch in der Praxis: Dort, wo es wirklich gefährlich ist, gab es wahrscheinlich auch Schäden innerhalb der letzten zehn Jahre. Manche Versicherungen nehmen überdies Gebäude, die sich an Gewässern befinden, erst gar nicht in die Elementarschaden-Versicherung auf. Andere

Anbieter verlangen entweder horrende Prämienaufschläge oder Selbstbeteiligungen in fünfstelliger Höhe.

Der einzige wirksame Schutz besteht für Sie somit nicht im Abschluss einer Versicherung zu inakzeptablen Konditionen, sondern in der Auswahl der Immobilie: Kaufen Sie keinesfalls ein Haus oder ein Grundstück in einem hochwassergefährdeten Gebiet!

Bauherrenhaftpflicht- und Rohbauversicherung

Die Gebäudeversicherung greift nur bei Bauten, die bereits fertig gestellt sind. Doch schon während der Bauphase sollten Sie für den passenden Versicherungsschutz sorgen. Dies gilt dann, wenn Sie in Eigenregie bauen oder auf dem bereits gekauften Grundstück ein Haus schlüsselfertig bauen lassen. Wenn Sie ein Haus beim Bauträger erwerben, erfolgt die Übergabe erst mit der Fertigstellung – und damit ist auch der Bauträger für die Versicherung des Rohbaus und für Haftungsfragen bis zur Übergabe zuständig.

Ganz wichtig für Sie ist die Bauherren-Haftpflichtversicherung. Wie die private Haftpflichversicherung springt sie dann ein, wenn einem Dritten aufgrund der Fahrlässigkeit des Grundstücksbesitzers ein Schaden entstanden ist. Weil Sie als Grundstückseigentümer für alle Aktivitäten auf Ihrer Baustelle verantwortlich sind und haftbar gemacht werden können, ist diese Versicherung praktisch unumgänglich.

Haftung für alle Aktivitäten

Wie schnell aus dem theoretischen Haftpflichtrisiko Realität werden kann, zeigt ein einfaches Beispiel: Ein Kind fällt beim Spielen in die Baugrube und bricht sich ein Bein. Wenn dem Bauherren bei der Abschrankung seiner Baustelle auch nur die geringste Nachlässigkeit nachgewiesen werden kann, muss er die Behandlungskosten und eventuell sogar Schmerzensgeld bezahlen, sofern er keine entsprechende Haftpflichtversicherung abgeschlossen hat.

Weil in der normalen Privathaftpflicht-Police meist nur kleinere Bauvorhaben bis 25.000 Euro mitversichert sind, ist für die Bauherren-Haftpflichtversicherung ein gesonderter Abschluss erforderlich.

Trugschluss

Ein weit verbreiteter Trugschluss ist in diesem Zusammenhang der Glaube, dass das Schild „Eltern haften für ihre Kinder" den Eigentümer vor Haftungsansprüchen schützt. Aber: Diese Klausel greift für den Eigentümer nur dann, wenn durch fremde Kinder ihm selbst oder an seinem Gebäude ein Schaden entsteht.

Schäden durch Feuer oder Blitzschlag sollten unbedingt mit einer Rohbau-Versicherung abgedeckt werden – die meist schon allein deshalb zwingend notwendig ist, weil die finanzierende Bank ohne eine solche Police kein Darlehen gibt. Diese Versicherung ist aber in aller Regel im Rahmen der herkömmlichen Wohngebäudeversicherung schon enthalten.

Wenn es um die Bauwesenversicherung – auch Bauleistungsversicherung genannt – geht, scheiden sich die Geister. Mit dieser Police werden mutwillige Beschädigungen und Diebstahl beim Rohbau abgedeckt – aber ob Sie eine solche Absicherung wirklich brauchen, müssen Sie selbst entscheiden. Für sicherheitsorientiere Bauherren ist die Bauwesenversicherung sinnvoll. Wer auf sie verzichtet, braucht jedoch auch keine existenzbedrohenden Absicherungslücken befürchten.

Die Gewässerschaden-Haftpflichtversicherung

Moderne Öltanks sind auf maximale Sicherheit ausgelegt. Doppelte Wände sorgen für zusätzlichen Auslaufschutz, und ein elektronisches Leckwarngerät schlägt Alarm, wenn eine der beiden Hüllen undicht wird.

Wenn jedoch ein Öltank wirklich einmal ausläuft, können die Schäden in die Millionen gehen. Das verseuchte Erdreich muss großflächig abgetragen werden, und eventuell kommen außerdem noch Regressforderungen wegen Grundwasserverschmutzung auf Sie zu.

TIPP

Police ist nicht teuer

Eine Gewässerschaden-Haftpflichtversicherung ist nicht teuer – aber wenn Sie sie wirklich einmal in Anspruch nehmen müssen, verhindert sie Ihren finanziellen Ruin. Die Höhe der Prämie wird davon beeinflusst, ob es sich um einen unterirdischen oder einen oberirdischen Tank handelt und ob ein Ein- oder ein Mehrfamilienhaus von der Tankanlage versorgt wird.

Unterirdische Tanks sind in der Versicherung teurer – schließlich ist ihr Zustand schwieriger zu prüfen, und außerdem ist bei oberirdischen Tanks bekanntlich eine ausreichende Auffangwanne Pflicht. Bei Mehrfamilienhäusern ist die Prämie wiederum von der Größe der Tankanlage abhängig – je mehr Fassungsvermögen, desto teurer der Versicherungsbeitrag. Übrigens: Kleinere Öltanks können bei manchen Privathaftpflichtversicherungen beitrgsfrei mitversichert werden. Sprechen Sie Ihren Versicherer darauf an.

Achten Sie darauf, dass Ihr Heizöltank in regelmäßigen Abständen vom TÜV oder von einer vergleichbaren Organisation geprüft wird. Das kommt nicht nur Ihrer Sicherheit zugute, sondern ist auch Voraussetzung für den Fortbestand der Gewässerschaden-Haftpflichtpolice.

Personenversicherungen

Beim Bauen geht es nicht immer ganz ungefährlich zu – und deshalb sollten alle Beteiligten gegen Unfälle abgesichert sein. Wenn Sie einen Handwerker mit Arbeiten beauftragen, sind dessen Mitarbeiter über die Berufsgenossenschaft automatisch unfallversichert. Anders hingegen bei den Helfern aus dem Freundes- oder Verwandtenkreis, die ganz privat und unentgeltlich mit anpacken. Um im schlimmsten Fall zumindest finanziell abgesichert zu sein, gibt es für die freiwilligen Helfer die Bauhelfer-Unfallversicherung der Berufsgenossenschaft.

Alle Helfer sind versichert

Diese Versicherung ist ein Muss – auch in juristischer Hinsicht. Egal ob fleißige Helfer am Bau gegen Bezahlung oder unentgeltlich tätig sind: Sie müssen allesamt vom Bauherren bei der Bau-Berufsgenossenschaft angemeldet und dort unfallversichert werden. Wenn Sie dies unterlassen, riskieren Sie ein Bußgeld bis maximal 2.500 Euro. Die Höhe des Beitrags errechnet die Berufsgenossenschaft anhand der geleisteten Arbeitsstunden. Pro Helferstunde werden dabei – mit leichten regionalen Schwankungen – etwa 1,50 Euro bis 2,00 Euro veranschlagt. Die sieben Bau-Berufsgenossenschaften haben ihre Zuständigkeit regional aufgeteilt. Die zuständigen Ansprechpartner können Sie bei der Arbeitsgemeinschaft der Bau-Berufsgenossenschaften erfragen. Die Adresse finden Sie im Anhang auf Seite 219.

Für den Bauherren und dessen Ehepartner gelten diese Regelungen nicht – denn sie zählen sozusagen als Unternehmer. Zwar können sie sich freiwillig mitversichern. Doch angesichts eines Beitrags, der bei mehr als 250 Euro pro Person und Monat liegt, ist eine private Unfallversicherung in der Regel die günstigere Alternative.

Als Bauherr oder Immobilienkäufer sollten Sie sich auf jeden Fall Gedanken über Ihre persönliche Absicherung machen. Die wichtigsten Güter, die versichert werden sollten, sind Ihr Leben und Ihre Arbeitskraft.

Zumindest der Hauptverdiener der Familie sollte eine Risikolebensversicherung abschließen, deren Höhe so ausgelegt sein sollte, dass im Todesfall damit das Darlehen abgelöst werden kann. Lassen Sie sich von mehreren Gesellschaften Angebote ausarbeiten, denn die Beiträge können je nach Anbieter stark variieren. Besonders günstige Policen finden Sie oft in den Reihen der Direktversicherer, die kostengünstig ohne Vertreter und Geschäftsstellen arbeiten.

Wenn Sie Beiträge sparen wollen, können Sie eine Risikolebensversicherung mit fallender Versicherungssumme abschließen (Restschuldversicherung). Weil die versicherte Summe parallel zur Darlehenstilgung langsam sinkt, fallen die Prämien günstiger aus als bei einer Police mit gleich bleibender Versicherungssumme.

TIPP

Absicherung gegen Berufsunfähigkeit

Deutlich teurer, aber dennoch sinnvoll ist – nicht nur für Eigenheimbesitzer – der Abschluss einer Berufsunfähigkeitsversicherung. Zwar sieht auch die gesetzliche Rentenversicherung für bestimmte Jahrgänge noch Zahlungen vor, wenn Arbeitnehmer ihren Beruf nicht mehr ausüben können. Allerdings sind die Leistungen des Staates in solchen Situationen meist sehr gering. Die private Berufsunfähigkeitsversicherung kann entweder als eigenständiger Vertrag geschlossen oder mit einer Lebensversicherung gekoppelt werden. Günstige Beiträge gibt es oft in Verbindung mit einer Risikolebensversicherung, während die Kombination mit einer kapitalbildenden Lebensversicherung nicht ratsam ist. Die Versicherungssumme sollte so bemessen sein, dass zumindest die Grundversorgung im Fall der Berufs- oder Erwerbsunfähigkeit sichergestellt ist. Je nach Familienstand, Alter und Einkommen sollte die monatliche Auszahlung im Fall der Berufsunfähigkeit etwa 1.000 bis 2.000 Euro betragen und möglichst bis zum 60. oder 65. Lebensjahr laufen.

Ideale Kombination

Im Idealfall schließen Sie eine Berufsunfähigkeits- und eine Unfallversicherung ab. Sollten Sie zum Beispiel nach einem Unfall querschnittsgelähmt sein, können Sie über die Unfallversicherung den dann notwendigen Hausumbau finanzieren. Wenn für Sie nur eine der beiden Versicherungen finanziell tragbar ist, sollten Sie die Berufsunfähigkeitsversicherung abschließen; wenn diese wiederum zu teuer für Sie ist, zum Beispiel aufgrund hoher Risikozuschläge, sollten Sie zumindest die Unfallversicherung abschließen.

Die Hausratversicherung

Wenn Sie in Ihr neues Eigenheim eingezogen sind und sich eingerichtet haben, sind diese Einrichtungsgegenstände nicht über die Gebäudeversicherung abgesichert – denn diese ersetzt nur Schäden an den fest mit dem Haus verbundenen Bauteilen wie Wänden oder Zwischendecken.

Wenn Sie hingegen Einrichtungsgegenstände wie Möbel und Teppiche oder Haushaltsgeräte und Kleidung in Ihre Versicherung mit einbeziehen wollen, brauchen Sie eine Hausratversicherung. Grundsätzlich gilt: Je wertvoller die Wohnungseinrichtung, desto wichtiger ist eine Hausratversicherung. Die Versicherung springt nicht nur bei Brand, Sturm oder Blitzschlag ein, sondern auch bei Schäden, die durch Einbruch oder Raub verursacht wurden.

Kein Geld bei grober Fahrlässigkeit

Allerdings gilt auch bei der Hausratversicherung, dass die Gesellschaft die Zahlung bei grober Fahrlässigkeit verweigern kann. Das ist schon der Fall, wenn Sie in den Urlaub fahren und Ihre Haustür nicht abschließen, sondern nur zuziehen, so dass sie von geschickten Einbrechern in Sekundenschnelle geöffnet werden kann. Auch wer nur einen Nachmittag lang unterwegs ist und vergisst, das Fenster im Erdgeschoss zu schließen, erfüllt bei einem Einbruch schon den versicherungstechnischen Tatbestand der groben Fahrlässigkeit.

Auch ist nicht alles automatisch mitversichert, was sich im Haus befindet. Für gläserne Duschkabinen, Glasscheiben an Fenstern und Türen, Sonnenkollektoren oder Cerankochfelder am Herd brauchen Sie eine gesonderte Glasversicherung. Diese ist allerdings meist so teuer, dass Sie sich von der Versicherungsprämie jedes Jahr eine neue Fensterscheibe leisten können.

Die Höhe der Versicherungsprämie richtet sich bei der Hausratversicherung danach, wie hoch die zu versichernde Gesamtsumme sein soll. Um zu vermeiden, dass mit minimalen Versicherungssummen maximale Ersatzleistungen ergattert werden, setzen die Gesellschaften eine so genannte „Unterversicherungsgrenze“. Unterversichert ist, wer den Wert seines gesamten Hausrats zu niedrig angesetzt hat – und in diesem Fall würden Sie schon bei kleinen Schäden Probleme bekommen. Stellt der Fachmann der Versicherung bei der Wohnungsbesichtigung fest, dass die gesamte Versicherungssumme zu niedrig angesetzt wurde, bezahlt die Gesellschaft im Schadensfall nur anteilig.

Top-Tipps für die richtige Versicherung von Menschen und Gebäuden

- Vergleichen Sie bei der Gebäudeversicherung nicht nur den Preis, sondern auch die Extra-Leistungen, die so mancher Billiganbieter aus seinen Policen ausklammert.
- Wenn Sie in Eigenregie bauen, benötigen Sie unbedingt eine Bauherren-Haftpflichtversicherung. Die ebenfalls unabdingbare Rohbauversicherung ist meist in der Gebäudeversicherung bereits enthalten.

- Gehört zum Gebäude ein Öltank, sollten Sie eine Gewässerschaden-Haftpflichtversicherung abschließen.
- Denken Sie an Ihre eigene Sicherheit und an die Ihrer freiwilligen Bauhelfer. Schließen Sie eine Bauhelfer-Unfallversicherung, eine Risikolebensversicherung und eine Berufsunfähigkeitsversicherung ab.
- Ob Sie eine Hausratversicherung benötigen, hängt von der Frage ab, ob Sie notwendigen Hausrat auch ohne die entsprechende Versicherung ersetzen könnten. Falls nicht, sollten Sie eine Hausratversicherung abschließen.

Anhang

Wichtige Adressen

Anmeldung und Unfallversicherung für Helfer am Bau

Arbeitsgemeinschaft der Bau-Berufsgenossenschaften
An der Festeburg 27–20, 60389 Frankfurt am Main, Telefon 0 69/4 70 50,
Internet: www.bau-bg.de

Baubegleitung und Bauprüfung

wohnen im eigentum
die wohneigentümer e.V.
Martinsplatz 2 a, 53113 Bonn, Telefon 02 28/7 21 58-61,
Telefax 02 28/7 21 58-73, Internet: www.wohnen-im-eigentum.de,
E-Mail: info@wohnen-im-eigentum.de

Verband Privater Bauherren e.V.
Chausseestr. 8, 10115 Berlin, Telefon 0 30/27 89 01-0,
Telefax 0 30/27 89 01-11, Internet: www.vpb.de,
E-Mail: info@vpb.de

Bauherren Schutzbund e.V.
Bundesbüro
Kleine Alexanderstr. 9–10, 10178 Berlin, Telefon 0 30/3 12 80 01,
Telefax 0 30/31 50 72 11, Internet: www.bsb-ev.de,
E-Mail: office@bsb-ev.de

TÜV Nord Bauqualität GmbH
Große Bahnstr. 31, 22525 Hamburg, Telefon 0 40/85 57-28 66,
Telefax 0 40/85 57-25 85, Internet: www.tuev-nord.de,
E-Mail: info@tuev-nord.de

DEKRA ETS
Gesellschaft für Technische Sicherheit mbH
Zentrale Kundenbetreuung
Untertürkheimer Str. 25, 66117 Saarbrücken, Telefon 06 81/5 00 16-00,
Telefax 06 81/5 00 16-66, Internet: www.dekra.de

TÜV Südwest
Abteilung Bauwesen
Gottlieb-Daimler-Str. 7, 70794 Filderstadt, Telefon 07 11/7 00-53 02,
Telefax 07 11/7 00-55 86

TÜV Süddeutschland
Bau- und Betriebstechnik GmbH
Westendstr. 199, 80686 München, Telefon 0 89/57 91 25-22
Telefax 0 89/57 91 25-13, Intenet: www.tuev-sued.de

TÜV Rheinland Anlagetechnik GmbH
Bereich Bautechnik
Am Grauen Stein, 51105 Köln, Telefon 02 21/8 06-21 67
Telefax 02 21/8 06-13 96, Internet:www.tuev-rheinland.de

Fördermöglichkeiten

Bundesamt für Wirtschaft und Ausfuhrkontrolle
Bereich Erneuerbare Energien
Frankfurter Straße 29-35, 65760 Eschborn, Telefon 0 69/908-625,
Internet: www.bafa.de

Weitere Internetadressen

www.baufoerderer.de
www.bine.info
www.bmwi.de
www.kfw.de

Verbraucherzentralen

Verbraucherzentrale Baden-Württemberg e.V.
Paulinenstraße 47, 70178 Stuttgart, Telefon 07 11/66 91-10,
Telefax 07 11/66 91-50, www.verbraucherzentrale-bawue.de

Verbraucherzentrale Bayern e.V.
Mozartstraße 9, 80336 München, Telefon 0 89/53 98-70,
Telefax 0 89/53 75 53, www.verbraucherzentrale-bayern.de

Verbraucherzentrale Berlin e.V.
Bayreuther Straße 40, 10787 Berlin, Telefon 0 30/2 14 85-0,
Telefax 0 30/2 11 72 01, www.verbraucherzentrale-berlin.de

Verbraucherzentrale Brandenburg e.V.
Templiner Straße 21, 14473 Potsdam, Telefon 03 31/2 98 71-0,
Telefax 03 31/2 98 71-77, www.vzb.de

Verbraucherzentrale des Landes Bremen e.V.
Altenweg 4, 28195 Bremen, Telefon 04 21/16 07 77,
Telefax 04 21/1 60 77 80, www.verbraucherzentrale-bremen.de

Verbraucherzentrale Hamburg e.V.
Kirchenallee 22, 20099 Hamburg, Telefon 0 40/2 48 32-0;
Telefax 0 40/2 48 32-290, www.vzhh.de

Verbraucherzentrale Hessen e.V.
Große Friedberger Straße 13–17, 60313 Frankfurt am Main,
Telefon 0 69/97 20 10-0, Telefax 0 69/97 20 10-50,
www.verbraucher.de

Verbraucherzentrale Mecklenburg-Vorpommern e.V.
Strandstraße 98, 18055 Rostock, Telefon 03 81/4 93 98-0,
Telefax 03 81/4 93 98-30, www.verbraucherzentrale-mv.de

Verbraucherzentrale Niedersachsen e.V.
Herrenstraße 14, 30159 Hannover, Telefon 05 11/9 11 96-0,
Telefax 05 11/9 11 96-10, www.vzniedersachsen.de

Verbraucherzentrale Nordrhein-Westfalen e.V.
Mintropstraße 27, 40215 Düsseldorf, Telefon 02 11/38 09-0,
Telefax 02 11/38 09-172, www.verbraucherzentrale-nrw.de

Verbraucherzentrale Rheinland-Pfalz e.V.
Ludwigstraße 6, 55116 Mainz, Telefon 0 61 31/28 48-0,
Telefax 0 61 31/28 48-66, www.verbraucherzentrale-rlp.de

Verbraucherzentrale des Saarlandes e.V.
Hohenzollernstraße 11, 66117 Saarbrücken, Telefon 06 81/5 00 89-0,
Telefax 06 81/5 88 09-22, www.vz-saar.de

Verbraucherzentrale Sachsen e.V.
Bernhardstraße 7, 04315 Leipzig, Telefon 03 41/6 88 80 80,
Telefax 03 41/6 89 28 26, vvww.vzs.de

Verbraucherzentrale Sachsen-Anhalt e.V.
Steinbockgasse 1, 06108 Halle, Telefon 03 45/2 98 03-29,
Telefax 03 45/2 98 03-26, www.vzsa.de

Verbraucherzentrale Schleswig-Holstein e.V.
Bergstraße 24, 24103 Kiel, Telefon 04 31/5 90 99-0,
Telefax 04 31/5 90 99-77, www.verbraucherzentrale-sh.de

Verbraucherzentrale Thüringen e.V.
Eugen-Richter-Straße 45, 99085 Erfurt, Telefon 03 61/5 55 14-0,
Telefax 03 61/5 55 14-40, www.vzth.de

Verbraucherzentrale Bundesverband (vzbv),
Markgrafenstraße 66, 10969 Berlin
Telefon 0 30/25 80 00, Telefax 0 30/2 58 00-5 18, www.vzbv.de

Stichwortverzeichnis

A

Abnahme 126 f.
Aktienfonds 26
Altbau 132
Altersvorsorge 16 ff.
Architektenhaus 99 ff.
Auflassungsvormerkung 184, 187
Ausgabenrechnung 44 ff.
Ausschreibung 106

B

Bankdarlehen 52 ff.
Banksparen 22 ff.
Bauantrag 105
Baubetreuer 107
Baugenehmigung 105
Bauhelfer-Unfallversicherung 214
Bauherren-Haftpflicht-versicherung 2011 f.
Baulast 88
Baulastenverzeichnis 185
Bauleitung 106 f.
Bauspardarlehen 31, 54 ff.
Bausparen 31 ff.
Bauträger 114 ff.
Bauwesenversicherung 212
Bebauungsplan 93 f., 204 f.
Bereitstellungszins 62
Berufsunfähigkeitsversicherung 215 f.
Besichtigung 133 ff., 201

D

Denkmalschutz 141
Direktbank 61

E

Effektivzins 63
Eigenheimzulage 66 ff.
Eigenkapital 49 ff.
Eigenleistungen 51 f., 179
Eigentümergemeinschaft 149, 151 ff.
Eigentümerversammlung 151ff., 163
Eigentumswohnung 145 f.
Einnahmen- und Ausgaben-rechnung 44 ff.
Erbbaurecht 95 ff.
Erschließung 94 f.
Erschließungskosten 175

F

Fälligkeitsplanung 38 ff.
Fertighaus 116 ff.
Festpreis 119
Finanzierung 41 ff.
Fixtermin 126

G

Geldmarktmarktfonds 25
Gemeinschaftseigentum 147 f., 150
Gemeinschaftsordnung 161
Generalunternehmer 112 f.
Gewässerschaden-Haftpflicht-versicherung 212 f.
Grundbuch 182 ff.
Grunderwerbsteuer 186
Grundschuld 52, 57, 183, 186
Grundstück 85 ff.

H
Hausordnung 161
Hausratversicherung 216 f.
Hausverwalter 154 ff.
HOAI 99
Hypothek 57, 183

I
Immobilienangebote 165 ff.
Immobilienauktion 205 f.
Immobilienmakler 189 ff.
Infrastruktur 88 ff.
Investmentfonds 25
Investmentsparen 25 ff.

K
Kapitalbildende Lebensversicherung 56, 60
Kapitallebensversicherung 36 f.
Kaufvertrag 68 f.
KfW-Kredit 69 ff.
Kreditsicherheiten 57 ff.

L
Lage des Grundstücks 88 ff.
Lebenshaltungskosten 14 ff.
Lebensversicherung, kapitalbildende 56, 60
Leistungsphasen 100
Leitungsrecht 184
Liquidität 46 f.

M
Makler 170 f., 189 ff.
Makler- und Bauträgerverordnung 112, 114, 146
Maklerprovision 192 f.
Mangel, versteckter 142 f.
Mischfonds 27 f.
Musterhaussiedlung 117

N
Nachweis 191
Nebenkosten 41 f.
Nebenkostenabrechnung 162 f.
Nießbrauchrecht 184, 200
Notarvertrag 185 f.

O
Objektverbrauch 68
Offene Immobilienfonds 28

P
Provision 192 f.

R
Ratensparvertrag 23
Renovierung 82, 138 ff., 147
Renovierungsarbeiten 179 f.
Rentenfonds 27
Risikolebensversicherung 215
Rohbau-Versicherung 212

S
Schlüsselfertiges Bauen 111 ff.
„Silvesterfalle" 68
Solaranlage 73
Sondereigentum 147, 149 f.
Sondernutzungsrechte 148, 151
Sondertilgung 62
Sondertilgungsklausel 53
Sparbrief 23, 60 f.
Sparplan 20 f.

T
Tagesgeld 23
Teilauszahlungszuschlag 62
Teilungserklärung 148 f., 161
Terminverzögerung 125
Tilgung 47 f., 52

V
Verhandlungstaktik 176 ff.
Vermittlung 191
Vermögenswirksame Leistungen 34
Versicherungsdarlehen 56 ff.
Versteckter Mangel 142 f.
VOB 123, 127
Vorkaufsrecht 184

W
Wegerecht 184, 200
Wertermittlung 176
Wohngebäudeversicherung 207 ff.
Wohnrecht 184, 200
Wohnumfeld 78
Wohnungsbauprämie 34

Z
Zinsbindung 53, 62, 64
Zinseszinseffekt 21
Zwangsversteigerung 195 ff.